逝去的帝国

契丹

宇信潇——著

华中科技大学出版社
http://www.hustp.com
中国·武汉

图书在版编目(CIP)数据

逝去的帝国：契丹 / 宇信潇著.—武汉：华中科技大学出版社，2021.9
ISBN 978-7-5680-7469-8

Ⅰ.①逝… Ⅱ.①宇… Ⅲ.①契丹—民族历史—中国—通俗读物
Ⅳ.①K289-49

中国版本图书馆CIP数据核字（2021）第167168号

逝去的帝国：契丹   宇信潇 著
Shiqu de Diguo: Qidan

策划编辑：闫丽娜
责任编辑：康 艳
封面设计：李彦生
责任校对：刘 竣
责任监印：朱 玢
出版发行：华中科技大学出版社（中国·武汉）   电话：（027）81321913
         武汉市东湖新技术开发区华工科技园   邮编：430223
印　　刷：武汉科源印刷设计有限公司
开　　本：710mm×1000mm   1/16
印　　张：15.75
字　　数：206千字
版　　次：2021年9月第1版第1次印刷
定　　价：39.80元

前　言

▼

　　"契丹"这个民族，已经不在今天中国的56个民族之列，但曾经这个民族在中国北方建立了契丹帝国（辽朝），享国300余年，盛极一时。在今天的很多文学作品和戏曲作品、影视作品中，都有契丹帝国的身影。无论是在中国四大名著之一《水浒传》中，还是在民间流传的小说《杨家将》《岳飞传》《天龙八部》中，抑或在京剧《四郎探母》等广为人知的戏曲作品、影视作品中，契丹人大多作为"反派势力"出现，这与契丹帝国同中原王朝——宋朝的长期战争不无关系。虽然在这些文学作品、影视作品中，契丹人大多作为中原王朝的"敌人"存在，但恰恰是契丹人建立的帝国，东起渤海之滨，北至西伯利亚，南到今天河北、山西等地，向西曾一度远至西亚，将中国文化向北、向西推广到遥远的西伯利亚、中亚、西亚等地，为中国文化向世界的传播做出了不可磨灭的贡献。"契丹"曾一度成为西方人心目中"中国"的代名词，相传15世纪末哥伦布航海的目的就是想要去往东方寻找传说中的契丹。直至今日，在俄语、希腊语、波斯语、阿拉伯语等语言中，仍将中国称为"契丹"。

　　契丹民族出自鲜卑宇文部的一支，是生活在中国东北、内蒙古东部的草原游牧民族，在其本民族语言中，"契丹"意为"镔铁"。916年，耶律阿保机称帝，建立了契丹帝国，即"辽朝"。终辽一朝，契丹人九改九复国号，时而自称"大契丹"，时而自称"大辽"。因而，"契丹"和"辽"

在一般情况下可通用为契丹帝国的国号。契丹帝国充分吸取了之前众多游牧民族国家的经验和教训，不再采取单一的制度治理国家，而是采取"因俗而治"的方针，首创草原帝国"一国两制"的基本国策。史书记载契丹帝国"以国制治契丹、以汉制待汉人"，即沿用游牧民族的传统习俗治理包括契丹族在内的草原游牧民族，并仿效中国唐宋制度治理汉人、渤海人居住的农耕地区。契丹帝国的一国多制、因俗而治，为亚欧大陆北部草原文明与南部农耕文明的融合探索出了新的道路，也为统一的多民族国家的形成奠定了一定的基础。

契丹帝国给后世留下了许许多多生动的故事。关于历代帝王，不仅有雄韬伟略、开创帝业的辽太祖耶律阿保机，还有每天睡16个小时以上却仍能顺利执政19年的"睡王"辽穆宗耶律璟；关于历代太后，不仅有为集权于一身而自断手腕的述律太后，还有在小说《杨家将》中被塑造得阴狠毒辣、在历史上却辅佐丈夫、儿子开创盛世的承天萧太后；关于历代名将，不仅有两败宋军的耶律休哥、耶律斜轸，还有称雄中亚、令契丹帝国起死回生的耶律大石；甚至在与契丹时和时战的宋朝，也因与契丹帝国之间的和战，留下了杨家将、寇准等许多历史名人的奇人轶事。

随着12、13世纪女真金国和蒙古帝国的崛起，契丹帝国逐渐淡出了历史舞台，契丹民族也逐渐融入了中原汉族以及东北、西南的一些少数民族之中。这样一个曾经盛极一时、如今早已逝去的强大帝国，留给今天许许多多宝贵的文化遗产，对今日中国影响深远。

目　录

第一章

帝国起源：契丹民族的兴起

第一节　白马青牛：契丹民族起源传说 / 003

第二节　大唐属民：从臣服北齐到归顺大唐 / 006

第三节　营州之乱：反抗武则天的斗争 / 010

第四节　部落联盟：帝国基础的奠定 / 014

第二章

帝国初建：从部落联盟走向草原帝国

第一节　初登汗位：耶律家族的兴起 / 023

第二节　诸弟之乱：汗位继承制的革新 / 027

第三节　盐池之变：契丹八部的统一 / 034

第四节　太祖开国：契丹帝国正式建立 / 037

第五节　经略渤海：帝国扩张的开端 / 043

第三章

帝位更迭：在徘徊中前行的帝国

第一节　断腕太后：第一次帝位争夺战 / 051

第二节　谁主中原：吞并南朝的尝试 / 057

第三节　横渡之约：第二次帝位争夺战 / 066

第四节　世宗遇弑：皇权与军事贵族的矛盾 / 072

第五节　睡王治国：倒行逆施带来意外收获 / 079

第四章

逐鹿中原：辽宋和战与契丹帝国走向鼎盛

第一节　初战幽州：从白马岭之战到高梁河之战 / 089

第二节　孤儿寡母：景宗驾崩与承天太后摄政 / 095

第三节　统和战争：帝国称霸的决定性战争 / 099

第四节　澶渊之盟：契丹南征与辽宋议和 / 107

第五章

东征西讨：对高丽、西夏的战争与帝国的巩固

第一节　三征高丽：帝国东部边疆的巩固 / 113

第二节　兴宗即位：内部权力分配的再调整 / 118

第三节　元昊称帝：来自西南边陲的威胁 / 125

第四节　河曲之战：西夏与契丹帝国的剧烈冲突 / 134

第五节　辽夏和亲：西南的平定与帝国的巩固 / 138

第六章

帝国危机：女真兴起与帝国东部失守

第一节　太叔之乱：道宗即位与帝国由盛转衰 / 143

第二节　香词案：奸臣乱政与帝国政局的崩坏 / 149

第三节　头鱼之宴：女真的崛起与建国 / 156

第四节 辽金角逐：从护步达冈之战到四京陷落 / 162

第五节 海上之盟：宋金夹击下的契丹帝国 / 168

第六节 天祚失国：帝国心腹地带的丧失 / 174

第七章

西域称雄：契丹西征与帝国余晖

第一节 大石西征：契丹帝国的最后希望 / 179

第二节 河中争锋：卡特万草原战役与立足西域 / 183

第三节 中亚称雄：契丹帝国在西域的复兴 / 190

第四节 引狼入室：喀喇契丹的衰亡 / 195

第五节 丝路枢纽：东西方贸易往来与文明互动 / 202

第六节 帝国余晖：东辽、后辽与后西辽的兴衰 / 211

尾声 契丹民族的发展与融合 / 216

大事年表 / 220

参考文献 / 236

后记 / 240

第一章 ⌇

帝国起源：
契丹民族的兴起

契丹帝国是10世纪到12世纪时契丹人在中国北部以及中亚地区建立的强大帝国，中国史籍中又称"辽朝"。契丹帝国对后世影响深远，蒙古帝国兴起后，蒙古人一度将中国北方泛称为"契丹"。在西方世界，"契丹"甚至一度成为西方人心目中"中国"的代名词，直至今日，在俄语、希腊语、波斯语、阿拉伯语等语言中，仍将中国称为"契丹"。契丹民族出自鲜卑宇文部的一支，是生活在中国东北、内蒙古东部的草原游牧民族，契丹从东北边陲的草原小部落发展成为疆域辽阔、盛极一时的大帝国，经历了长期的、艰苦卓绝的奋斗历程。

第一节
白马青牛：契丹民族起源传说

"契丹"在其本民族语言中，意为"镔铁"。正如其名字一样，契丹民族具有镔铁般坚韧的优秀品质，这种品质在契丹从小部落走向大帝国的过程中，起到了至关重要的作用。正是凭借其镔铁般的坚韧品格，契丹人才能够熬过数百年的艰苦岁月。

关于契丹民族的起源，在草原上流传着一段美丽的传说：

在大兴安岭南麓，有两条大河奔流而下，一条是西拉木伦河，蒙古语意为"黄色的河"，中国史籍中也将这条河写作"潢水"；另一条河是老哈河，"老哈"来自契丹语，意为"铁"，这条河流在一些中国史籍中也被称为"土河"。契丹帝国就兴起于西拉木伦河和老哈河流域。传说一位久居天宫的天女，有一天感到天宫生活枯燥乏味，于是驾着青牛车来到凡间，沿西拉木伦河顺流而下游玩。恰巧一位年轻的仙人骑乘一匹白马沿老哈河向东闲游。二人在西拉木伦河和老哈河交汇处的木叶山相遇，一见钟情并结为夫妻。他们生下八个儿子，这八个儿子后来繁衍为八个部落，即悉万丹部、何大何部、伏弗郁部、羽陵部、日连部、匹絜部、黎部和吐六于部，统称为"契丹八部"，契丹帝国就是在此基础上发展而来的。这就是契丹民族"白马青牛"的传说，最早记载于《契丹国志》中。

这一传说实则反映了契丹人对其起源和早期历史的模糊认识。按当代人的历史认知，"白马青牛"的传说，可以解读为：在西拉木伦河与老哈河交汇处，一个以白马为图腾的部落与一个以青牛为图腾的部落世代通婚，最终形成了契丹民族。

契丹帝国建立后，契丹人极为重视这段民族起源的传说。契丹帝国的开国君主太祖耶律阿保机在传说中仙人和天女相遇的木叶山上建立了一座始祖庙，岁岁祭祀。庙内，骑白马的仙人被尊奉为"奇首可汗"，居于南庙；驾青牛的天女被尊奉为"奇首可敦"（"可敦"在北方游牧民族语言中意为"皇后"），居于北庙。此后，契丹帝国每遇重大战事，契丹人都要来此地举行大型祭祀，以祈求先祖保佑平安和胜利。契丹帝国每逢新可汗登基、春秋时祭等重大活动，必以白马祭天、以青牛祭地，来告慰先祖。平时，每遇行军及春秋时节，契丹人也要在本部落中斩白马、青牛祭祀，以示不忘本。

契丹民族早期生活在东北边陲苦寒之地，游牧为生。根据契丹人关于先祖的传说，奇首可汗的继任首领是一具骷髅，名叫乃呵，平时生活在帐幕之中，不出帐见人。契丹部落每遇重大事务需要首领裁决之时，部众们就斩白马、青牛祭祀，这位首领遂化为人形，出面处理。处理事务完毕后，这位首领即刻回到自己的帐幕中，重现骷髅原形。一天，契丹部落中一位冒失的小伙子误闯入了首领的帐幕，意外地看到了首领的骷髅原形。这位被看穿原形的首领遂逃入深山之中，再也没有出现。这一传说将契丹早期的这位首领刻画成骷髅的形象，实则反映了契丹民族早期生活艰辛，在恶劣气候和生产力水平极低的情况下，经常出现人口大量死亡的现象。

骷髅首领之后的继任首领名叫喎呵。平时处理日常事务时，这位首领要戴着一个野猪头、身披野猪皮，不让部众看到自己的真实面目。一天，这位首领的妻子在首领帐幕中打扫时，无意中收走了首领的野猪皮。从此之后，这位首领便再也没有出现过。这一传说将契丹的第三位首领刻画成野猪头的形象，是由于野猪在契丹早期社会生产、生活中扮演着不可或缺的角色，该传说实则反映了在契丹民族早期历史中，契丹人一度以狩猎为生，依赖捕猎野猪维持基本生活。

契丹的第四位首领名叫昼里昏呵，这位首领食量惊人，养了20只羊，每天要吃掉19只，剩下的1只羊在第二天又会繁衍为20只羊，其中19只又被首领吃掉，剩下1只留待继续繁衍，如此这般周而复始。这一传说实则反映了契丹社会发展到游牧社会早期阶段伊始，物质极为匮乏、生活极为艰苦，生活物资仅仅能够维持最基本的生存需要。

就是在这样的艰苦岁月中，契丹民族逐渐发展壮大，从艰难维持基本生计的草原小部落，一步步走向幅员辽阔的大帝国。

白马青牛的传说

第二节
大唐属民：从臣服北齐到归顺大唐

契丹人直到10世纪初才有了自己的文字，因而关于契丹早期历史的记载，主要见于同时期的汉文史籍。在《魏书》《北史》《隋书》《旧唐书》《新唐书》《旧五代史》《新五代史》《唐会要》《五代会要》《册府元龟》《文献通考》《宋会要》等中国史籍中，均有关于契丹的记载。

在松散的部落联盟阶段，契丹八部互不统属，时而互相攻伐，时而联合起来侵扰周边。此时的契丹在政治上实行军事民主制，部落联盟的首领最早由大贺氏担任，每任首领任期三年，每三年由契丹八部贵族集会选举新的首领。部落联盟规定，契丹八部"猎则别部，战则同行"，平时各部落在各自的领地游牧渔猎。不过，部落联盟首领的权力十分有限，受到贵族会议的制约，即使遇到重大战事，部落联盟首领统一指挥，但也必须听取八部贵族的意见，不得独断专行。

6世纪初，契丹屡屡南下，侵扰以另一支北方游牧民族鲜卑为主体的王朝——北齐。533年农历十月，北齐文宣帝侯尼干（汉语名高洋）御驾亲征，进攻契丹。北齐文宣帝在对契丹的战争中身先士卒，史籍中记载他"亲逾山岭，为士卒先"，"露头袒膊，昼夜不息，行千余里，唯食肉饮水，壮气弥厉"，使得北齐军节节取胜。此役，北齐军俘获契丹部众10万余人、牲畜数十万头。契丹各部溃败，损失惨重，险些遭遇灭族之灾。于是，契丹各部纷纷上表称臣，归附北齐。经此一役，传统的契丹八部瓦解、部众离散，后来虽然又形成八大部落，但无论是部落名称，还是部落成员构成，均与最早的契丹八部有所不同。

581年，隋朝建立。经过数年的战争，隋朝逐步统一中原，契丹各部遂归附隋朝。隋炀帝杨广在位期间，中原战乱，隋朝对契丹鞭长莫及，契丹各部转而归附于北方草原上强大的突厥汗国。605年，契丹人大举南下，进攻隋朝边境重镇营州（今辽宁省朝阳市）。隋朝守将联合突厥部落予以反击，俘虏契丹部众4万余人，使得契丹又一次遭受重创。

618年，唐朝建立。619年（唐武德二年），即唐朝建立的第二年，契丹首领大贺咄罗率军进攻平州（大致在今河北省陡河流域以东、长城以南地区，主要包括今河北省秦皇岛市下辖的抚宁区、昌黎县、卢龙县以及河北省唐山市），大掠而去。随着唐朝国力日益增强、对契丹构成一定的军事优势，大贺咄罗审时度势，于623年（唐武德六年）遣使到长安，向唐朝进贡名马、丰貂，以示归附。不过，大贺咄罗以及契丹各部在政治上仍相对倾向于当时北方草原上的突厥汗国。

大贺咄罗的继任者是大贺摩会，大贺摩会担任契丹部落联盟首领期间，突厥汗国衰落，唐朝国势日强。628年（唐贞观二年），大贺摩会率部众归附唐朝，并亲自到长安朝贡。唐太宗李世民赐给大贺摩会一套旗鼓，成为日后契丹可汗权位的象征。20年后，即648年，唐太宗在契丹聚居地设立松漠都督府，作为管理契丹的羁縻都督府，管辖西拉木伦河流域及老哈河中下游一带。唐太宗册封当时的契丹部落联盟首领大贺窟哥为第一任松漠都督，并赐国姓"李"。唐太宗征伐高句丽时，大贺窟哥率领部众随军出征。为表彰其功绩，唐太宗屡屡赏赐大贺窟哥，并册封他为左领军将军兼松漠都督。

在这一时期，唐朝在契丹八部的领地分设十州，在达稽部领地设立峭落州，在纥便部领地设立弹汗州，在独活部领地设立无逢州，在芬问部领地设立羽陵州，在突便部领地设立日连州，在芮奚部领地设立徒何州，在坠斤部领地设立万丹州，在伏部领地设立匹黎、赤山二州，九州与松漠都督府合称为"十州建制"。九州统归松漠都督府统辖，契丹各部首领相应改封为各州刺史。

大贺窟哥去世后，其孙大贺阿卜固继任。大贺阿卜固一改祖父大贺窟哥归附唐朝的政策，联合奚族侵扰唐朝边境。660年（唐显庆五年），唐高宗李治任命阿史德枢宾为沙砖道行军总管，会同辽东经略薛仁贵讨伐契丹。薛仁贵等人在黑山击败契丹，擒获大贺阿卜固，并押送至唐朝的东都洛阳。唐高宗李治册封大贺窟哥的另一名孙子大贺枯莫离为左卫将军、弹汗州刺史，后加封为归顺郡王。后来，大贺窟哥的另一名孙子李尽忠（其契丹名在史籍中缺乏记载）被唐朝册封为武卫大将军兼松漠都督，统领契丹八部。

正是在李尽忠担任契丹部落联盟首领期间，受中原王朝政局变幻的影响，契丹的历史进入了一个崭新的时期，契丹开启了从部落联盟走向帝国的历史篇章。

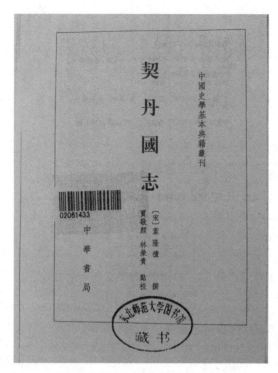

《契丹国志》（中华书局校勘本）

第三节
营州之乱：反抗武则天的斗争

李尽忠继任契丹首领之时，正值唐朝政权频繁更迭之际。唐高宗李治的皇后武氏擅权，在唐高宗驾崩之后，先后拥立她与唐高宗的两个儿子为帝。690年，武后废黜自己的儿子唐睿宗李旦，自立为帝，史称"武则天"。武则天称帝后，改国号为"周"，史称"武周"。武周政权继承了唐朝对契丹的宗主地位。

武周政权的东夷都护府（下辖松漠都督府、饶乐都督府二府）大都护兼营州都督赵文翽负责管理当时东北地区的奚族和契丹事务。赵文翽性情暴虐，对契丹横征暴敛，对契丹各部首领更是傲慢无礼，甚至言语之间将他们视为奴仆。这引起了契丹人的广泛不满。

696年，契丹爆发饥荒，契丹首领兼松漠都督李尽忠向武周政权请求救济。负责契丹事务的赵文翽不但不予救济，反而变本加厉地盘剥契丹百姓。李尽忠忍无可忍，与妻兄孙万荣共同谋划，于696年农历五月十二日率领契丹人发动起义，攻克营州，斩杀赵文翽。契丹人的这次起义，在中原王朝的史籍中被称为"营州之乱"。

起义初战告捷，李尽忠自立为"无上可汗"，这是契丹首领首次称汗，契丹从此迈出了从部落联盟走向帝国的第一步。

得知契丹起义，武则天极为震怒，甚至下诏将李尽忠改名为"李尽灭"、将孙万荣改名为"孙万斩"。武则天不仅在口头上以这种极端方式表达愤怒之情，而且调集重兵征讨契丹。696年农历五月二十五日，武则天诏命左鹰扬卫将军曹仁师、右金吾卫大将军张玄遇、左威卫大将军李多祚、司农少卿麻仁节等28员将领率军征讨契丹。同年农历七月十一日，武则天增派春官尚书、梁王武三思为榆关道安抚大使、纳言（官职名）姚璹为副使，屯兵胜州，以备策应。

面对气势汹汹的武周大军，李尽忠采取诱敌深入的战术。他先是释放了攻占营州时俘获的武周士卒，假意对他们说："我们没有粮食来供养你们，又不忍杀害你们，因而释放你们回去。况且我们是由于饥荒导致无法糊口，才起兵反抗，我们本来不想与官军（指武周军队）为敌，待官军到来，给我们发放粮食，我们即刻归降。"这些武周士卒向南逃至幽州（今北京市西南），遇到曹仁师等武周统帅，便将契丹因饥荒难以自存、有意归降的情报告知他们。曹仁师等人信以为真，心生轻敌之念，于是争相进军，导致部队阵形松散混乱。李尽忠继而在武周军队进军途中丢弃瘦弱的牛马，并派遣少量老弱部众三五成群地佯装归降，武周将士不知是计，更是放松戒备。武周前军诸位将领为争功，催促士卒急行军，致使骑兵与步兵脱离，毫无阵形可言。这一年的农历八月二十八日，武周前军部队争相开进黄獐谷（今河北省迁安市东北西硖石谷内），李尽忠早已在黄獐谷内设好伏击圈，待武周军队到达后，契丹伏兵四起，武周前军大败，张玄遇、麻仁节等将领被俘。随后，李尽忠利用缴获的武周军印伪造牒书，强迫张玄遇等人署名，假称武周前军已然取胜，催促武周后军总管燕匪石、宗怀昌等将领速来接应。武周后军部队昼夜兼程，士卒疲惫不堪，李尽忠又一次设伏，突袭武周后军。至此，武则天部署征讨契丹的军队几乎全军覆没，此役史称"黄獐谷之战"。

黄獐谷之战后，武周政权不得不对契丹采取守势。正当契丹起义形势一派大好之时，李尽忠于696年农历十月病逝，孙万荣接任。697年农历三月，武则天任命王孝杰为统帅，再次派遣大军征讨契丹。孙万荣再次采取诱敌深入的战术，将武周军队诱至地势险要的东硖石谷（今河北省迁安市东北）全歼，武周军队统帅王孝杰也在混战中堕谷而亡。同年四月，武则天诏命右金吾卫大将军武懿宗为神兵道行军大总管，会同右豹韬卫将军何迦密率军抵挡契丹。同年五月初八，武则天又诏命同平章事娄师德为清边道行军副大总管、右武威卫将军沙吒忠义为清边中道前军总管，先后共调集20万重兵进攻契丹，企图挽回败局。经过几次战斗，孙万荣击溃武周先锋部队，成功地阻击了武周军队。武则天见状，遣使联络后突厥汗国可汗阿史那默啜，共同夹击契丹。阿史那默啜从后方偷袭契丹，697年夏，在武周政权与后突厥汗国的夹击下，孙万荣兵败，逃亡途中被家奴所杀，首级被送到洛阳。700年，武则天诏命李楷固、骆务整等将领率军追剿契丹起义军余部，此次契丹起义最终宣告失败。

此次契丹起义虽以失败告终，却产生了极大影响。对武周政权而言，在征讨契丹的过程中，武氏贵戚势力屡受失败打击和广泛质疑。武三思、武懿宗等武氏贵戚统率的军队屡遭败绩，武懿宗在战争中经常残害契丹百姓，甚至对于被契丹掠走而后又归来的中原百姓，也视其为"叛逆"，对他们施以剖腹取胆的酷刑。这使得武则天传位给武氏子弟的计划遭到朝野一致抨击，无形中对武则天去世后唐朝皇室的复位起到了一定的促进作用。对契丹而言，此次起义是契丹从部落联盟走向帝国的第一步，开启了契丹历史的新篇章。

《契丹人引马图》

第四节
部落联盟：帝国基础的奠定

契丹反抗武则天的斗争被平息后，契丹部落联盟开始向帝国稳步发展。作为亚欧大陆北部草原游牧民族，契丹人建立的帝国形态，带有浓厚的游牧民族特征。游牧民族建立的"帝国"，本质上仍然存有部落联盟的印记。游牧民族逐水草迁徙，既不容易建立起固定的国家行政管理制度，也不容易建立起行之有效的税收、财政体系。在古代游牧民族的观念中，"部落"与"国家""帝国"的概念甚至很难明确区分开来。今天蒙古语中"兀鲁斯"（ulus）一词和满语中"固伦"（gurun）一词，既有"部落"的含义，也有"国家""帝国"等含义，这也是游牧民族"帝国"观念的一种体现。契丹社会早期的部落联盟，奠定了契丹帝国的重要基础。

孙万荣死后，李尽忠的堂弟李失活继任契丹部落联盟首领，而遭受重创的契丹因与中原王朝关系紧张，不得不依附于后突厥汗国。不久之后，中原王朝也发生了重大变故。705年，唐中宗李显复位，恢复"唐"国号。712年，唐朝中央政权几经更迭之后，唐玄宗李隆基继位。714年，李失活趁后突厥汗国衰落之际，主动向唐朝示好。716年，李失活与奚族首领李大酺一同到长安朝觐唐玄宗，唐玄宗赐其丹书铁券，复置松漠都督府，册封李失活为松漠都督，继而册封他为松漠郡王，并授其为左金吾卫大将军。同时，唐玄宗对契丹八部酋长均加授为刺史。为了进一步笼络契丹，717年（唐开元五年），唐玄宗将东平王李续（唐太宗第十子纪王李慎的长子）外孙杨元嗣的女儿册封为永乐公主，将其嫁给李失活。次年，即718年，李失活去世，其堂弟李娑固继任，永乐公主复嫁李娑固。719年农历十一月，李娑固与永乐公主共同到长安朝觐唐玄宗。契丹与唐朝的关系进入短暂的良好发展时期。

就在李娑固与永乐公主朝觐唐玄宗的第二年，即720年，契丹政局发生变故，李娑固被一名出身契丹遥辇氏的部下可突干（一些史籍中写作"可突于"）所杀，李娑固的堂弟李郁干（一些史籍中写作"李郁于"）被可突干拥立为契丹首领。722年，李郁干到长安朝觐唐玄宗，请求和亲。唐玄宗册封率更令（官职名）慕容嘉宾的女儿为燕郡公主，将她嫁给李郁干，并册封李郁干为松漠郡王，授左金吾卫员外大将军兼静析军经略使。可突干也被唐玄宗册封为左羽林将军。723年，李郁干病逝，其弟李吐干（一些史籍中写作"李吐于"）继任，燕郡公主复嫁李吐干。725年，因与可突干相互猜忌，李吐干为免遭杀身之祸，携燕郡公主投奔唐朝，唐玄宗册封他为辽阳郡王，留在宫中宿卫。李吐干出走后，可突干拥立李尽忠的弟弟李邵固为契丹首领。

730年，可突干杀害李邵固，拥立与自己同样出身契丹遥辇氏的遥辇屈列为可汗，史称"遥辇洼可汗"。自此，契丹首领之位从大贺氏手中转到遥辇氏手中。契丹政权10余年间的频繁更迭，导致了契丹与唐朝关系的逐步恶化。遥辇屈列称汗之后，契丹裹挟奚族一同投靠后突厥汗国。为避免契丹与后突厥汗国联合夹击唐朝，唐玄宗即刻诏令幽州长史、知范阳节度事赵含章进攻契丹。同时，唐玄宗诏令中书舍人裴宽、给事中薛侃在河东、河南、河北地区招募士卒，扩充军力，继而拜忠王李浚为河北道行军元帅，诏令御史大夫李朝隐、京兆尹裴伷先为副元帅，率军进攻契丹。732年，唐玄宗诏令信安郡王、礼部尚书李祎为河东道行军副元帅，会同幽州长史、知范阳节度事赵含章出塞进攻契丹，可突干战败逃亡。733年，可突干卷土重来，因有后突厥汗国相助，契丹在渝关都山一带大破唐军，郭英杰等数员唐军主将阵亡，6000多名唐军将士战死沙场。734年，唐玄宗再次兴兵攻打契丹，诏令幽州长史兼御史中丞张守圭统率唐军。张守圭自知如果在战场上与契丹硬碰硬，胜算渺茫，于是派人暗中联络契丹松漠都督府衙官李过折，策动李过折谋反。734年农历十二月的一天深夜，李过折突然举起反旗，袭杀契丹可汗遥辇屈列以及可突干等数十名契丹贵族，投靠唐朝。

735年农历正月，可突干的首级被送至长安，唐玄宗册封李过折为北平郡王、松漠都督，并赐给他锦衣一副、银器十事、绢彩三千匹。可突干的部下耶律泥礼为主复仇，起兵诛灭李过折满门，仅剩李过折的一个儿子李剌干侥幸逃至唐朝安东都护府避难，被唐朝册封为左骁卫将军。耶律泥礼掌权后，自任松漠都督，不久后拥立遥辇俎里为契丹可汗，史称"阻午可汗"，耶律泥礼自任夷离堇。"夷离堇"来源于突厥语，是"智慧"之意，在一些中国史籍中被简单地译为"大王"。它是契丹的一个重要官职，最初相当于可汗的首辅大臣，掌管契丹的军政大权，地位和权力仅次于可汗。从耶律泥礼开始，耶律氏世袭夷离堇职位，直到耶律阿保机称帝建立契丹帝国（辽朝）为止。10世纪初，契丹帝国建立后，开国皇帝、太祖耶律阿保机保留了夷离堇这一官职，仅负责总管所在部落军政事务，耶律阿保机及其继任者太宗耶律尧骨逐步将"夷离堇"改称为"令稳"，到圣宗耶律文殊奴在位时，他于996年将"令稳"改称为"节度使"。

约十年之后，即745年，后突厥汗国在唐朝和回鹘汗国的联合攻击下灭亡，契丹投靠唐朝。唐玄宗册封契丹可汗遥辇俎里为崇顺王、松漠都督，并赐国姓"李"、赐汉语名"李怀秀"。为了进一步笼络契丹，唐玄宗册封外孙女独孤氏为静乐公主，将她嫁给遥辇俎里。遥辇俎里成为契丹历史上第六位、也是最后一位迎娶唐朝公主的契丹首领。唐朝天宝年间，出身西域康国的安禄山被唐玄宗委以重任，兼任平卢、范阳、河东三镇节度使，受封东平郡王，镇抚东北地区。安禄山在任时，经常杀良冒功，捕杀契丹百姓，谎称所杀为侵扰边境的契丹兵卒，以此向唐玄宗邀功，致使契丹与唐朝关系逐渐恶化，不少契丹人转而投靠回鹘汗国。由于安禄山的挑唆和寻衅，契丹可汗遥辇俎里在迎娶唐朝静乐公主仅仅半年之后，就将她杀掉，兴兵进攻唐朝边塞。

746年，遥辇楷落即位，史称"胡刺可汗"，唐玄宗册封他为恭仁王、代松漠都督。遥辇楷落在位期间，契丹与唐朝之间的大规模战争基本结束，双方关系进入较长的良好发展时期。755年，安禄山、史思明举兵造反，史称"安史之乱"。基于之前安禄山对契丹的种种恶行，契丹人站在唐朝一边，帮助唐朝平叛。唐朝平定安史之乱的两员名将是郭子仪和李光弼，二人齐名，世称"李郭"，其中李光弼是契丹人，他因赫赫战功受封临淮郡王，去世后加谥号"武穆"。李光弼出生于营州柳城（今辽宁省朝阳市），其父名为李楷洛，生卒年在史籍中没有记载，当时及后世常有人因字音相同，推测李楷洛可能就是契丹胡刺可汗遥辇楷落，但至今尚无定论。在帮助唐朝平定安史之乱的过程中，契丹功不可没。

安史之乱结束后，契丹迎来了相当长的一段稳定发展时期。唐朝出现了地方藩镇割据的局面，唐朝东北方向上与契丹接壤的河朔三镇（即范阳、成德、魏博三镇，亦称"河北三镇"）割据，将唐朝中央与契丹隔开。因此，自胡刺可汗的继任者苏可汗开始，唐朝不再册封契丹可汗为松漠都督，契丹也由依附唐朝转而依附回鹘汗国。此后，苏可汗的继任者鲜质可汗曾7次遣使到长安朝贡，鲜质可汗的继任者昭古可汗曾4次遣使到长安朝贡，但这段时期契丹与唐朝中央并没有多少直接交往。昭古可汗的继任者耶澜可汗遥辇屈戍在位期间，唐朝于842年击败回鹘汗国，契丹转而依附唐朝，并请求唐朝皇帝赐印。唐武宗李炎赐给契丹可汗遥辇屈戍一枚"奉国契丹之印"，但并没有恢复册封契丹首领为松漠都督的传统。耶澜可汗的继任者巴剌可汗习尔之也曾遣使到长安朝贡。巴剌可汗去世后，族人遥辇钦德即位，史称"痕德可汗"（一些中国史籍中亦称"痕德堇可汗"）。痕德可汗在位期间，适逢唐末农民战争爆发，唐朝中央对东北地区的契丹人鞭长莫及。痕德可汗趁机扩张势力，吞并奚族和北方草原另一支游牧民族室韦，并时常袭扰唐朝东北边境重镇幽州、蓟州等地。当时唐朝东北地区的地方藩镇将领刘仁恭为解除契丹的威胁，率军翻越摘星山进攻契丹，放火烧毁大片草原，极大地打击了契丹的游牧经济，契丹牛马大量饿死，痕德可汗近十年时间未能再进攻中原王朝边塞。

自730年遥辇屈列被可突干拥立为可汗，到906年痕德可汗遥辇钦德去世，近200年间契丹历经9位可汗。他们均出自遥辇氏。太祖耶律阿保机建国称帝后，将这9位可汗留下的宫帐系统尊为"遥辇九帐"，并设立遥辇九帐大常衮司管理九帐事务。《辽史·百官志》记载："遥辇九帐大常衮司，掌遥辇可汗、阻午可汗、胡剌可汗、苏可汗、鲜质可汗、昭古可汗、耶澜可汗、巴剌可汗、痕德可汗九世宫分之事。"

遥辇氏9位可汗在位期间，正值契丹由松散的部落联盟向帝国过渡的关键时期，这一时期契丹统治者制定的很多制度，为日后的契丹帝国所继承、发展。

这段时期契丹可汗即位时举行的燔柴礼，为契丹帝国历代君主所沿用。燔柴礼又称"柴册礼"，是契丹民族一种极富民族特色的重大礼仪活动。每当新可汗登基时，契丹八部贵族登上山顶，面向东方架起柴堆，积薪为坛，新可汗接受八部贵族奉上的玉册，并将玉册、牺牲等置于柴堆之上一同焚烧，以告祭上天。随后，八部长老共同上前执新可汗马首，标志着新可汗合法地位的确立。燔柴礼是契丹可汗登基的标志，只有举行了燔柴礼，新可汗才具有正统性、合法性。契丹帝国正式建立后，历任君主登基均依照这一传统举行燔柴礼。628年唐太宗李世民赐给契丹部落联盟首领大贺摩会的仪仗，包括一套旗鼓、十二面旌旗、直柄华盖、曲柄华盖等，成为日后契丹帝国君主权位的象征。

契丹可汗的部落联盟首领地位，也为日后契丹帝国君主的权位奠定了基础。作为草原游牧民族，契丹人建立的政权无论是部落联盟还是帝国，均带有浓厚的游牧民族特色。即使在契丹帝国建立后，契丹民族传统的氏族组织、部落组织仍然存在，并在契丹帝国的社会生活中扮演着重要角色；契丹民族的传统军事贵族阶层依然存在，并在契丹帝国的政治生活中发挥着重要作用。

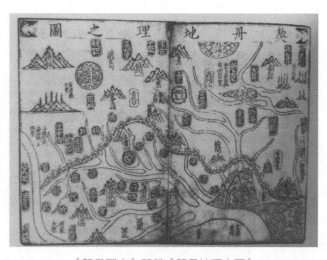

《契丹国志》所载《契丹地理之图》

906年农历十二月，痕德可汗遥辇钦德去世，遥辇氏占据契丹可汗之位的时代随之结束，可汗之位转入与遥辇氏同样出自契丹迭剌部的耶律氏手中。随着最高权力的更迭，契丹帝国逐步建立，契丹的历史翻开了崭新的一页。

第二章 ～

帝国初建：
从部落联盟走向草原帝国

经历了民族大迁徙时代的动荡和北方草原游牧民族政权的更迭，契丹帝国于10世纪初正式建立。契丹帝国充分吸取了之前众多草原民族国家的经验和教训，不再采取单一的制度治理国家，而是制定出因俗而治的基本国策，用游牧民族的传统习俗治理草原故乡、用"汉法"治理新归附的农耕地区，开创了中国北方草原游牧帝国一国多制的道路，为契丹帝国走向繁荣昌盛奠定了坚实的制度基础。

第一节
初登汗位：耶律家族的兴起

9世纪末至10世纪初，契丹迭剌部耶律氏兴起，世代担任夷离堇。906年农历十二月，痕德可汗遥辇钦德去世，时任夷离堇的耶律阿保机掌握了契丹政权，不再拥立遥辇氏成员为新可汗，而是自立为可汗，从此契丹汗位从遥辇氏家族转到耶律氏家族手中，契丹帝国也应运而生。

耶律阿保机出生于契丹迭剌部耶律氏，生于872年，父亲是契丹迭剌部首领耶律撒剌的，耶律阿保机称帝建国后，追尊其为宣简皇帝，庙号德祖。耶律阿保机的母亲是出身述律氏的述律岩母斤，被后世追尊为宣简皇后。耶律阿保机的父亲育有六子，分别是长子耶律阿保机、次子耶律剌葛、第三子耶律迭剌、第四子耶律寅底石、第五子耶律安端、第六子耶律苏。据《辽史》记载，耶律阿保机出生前夕，他的母亲梦见太阳落入自己怀中，耶律阿保机诞生时，帐内有神光异香环绕，久久不能散去。耶律阿保机刚生下来就如三岁孩童一般大小，落地便能爬行，三个月后便会行走，满百日便能开口说话。耶律阿保机出生之时，正值草原各部落之间相互攻伐之际，他的祖父耶律匀德实就在残酷的部落纷争中遇难，他的祖母为了保护刚出生的耶律阿保机，时常将他藏在邻居或者仆人的帐篷中，用泥灰涂抹其面，以免他被仇家认出。

耶律阿保机自幼聪慧，才智过人，并且身材魁梧健壮，天生神力，能拉开三百斤的强弓。最初，耶律阿保机在痕德可汗遥辇钦德身边担任"挞马狘沙里"（契丹语，意为"扈卫官"）一职，曾率领"挞马"（契丹语，意为"扈卫队"）战胜小黄室韦、越兀、乌古、六奚、比沙第等邻近的草原小部落。901年，耶律阿保机担任夷离堇。唐朝末年，东北地区的地方藩镇将领刘仁恭曾率军攻打契丹，放火烧毁大片草原，导致契丹牛马大量饿死，痕德可汗近十年时间未能再南下进攻中原。自902年开始，耶律阿保机趁唐末中原动荡，屡次率军南下，进攻唐朝河东、代北等地，多次击败刘仁恭，斩获颇多。耶律阿保机本人也因屡建战功，在契丹民众心目中威望日增。

906年农历十二月，痕德可汗遥辇钦德去世，依照传统，契丹八部贵族理应推举遥辇氏家族成员为新可汗，但各部贵族称奉痕德可汗遗命，推举耶律阿保机为新可汗。起初，耶律阿保机坚辞不受，他的堂弟耶律曷鲁多次带头劝谏。一次，耶律阿保机推辞说："当年我们的祖先夷离堇雅里曾经以不该被立为可汗为理由加以推辞，现在你们又来推举我这个同样不该被立为可汗的人，是何道理？"耶律曷鲁坚称："从前我们的祖先之所以推辞，是因为先汗的遗命中没有提到、符瑞没有出现，他只是为国人所拥戴罢了。现在先汗言犹在耳，天赐神瑞，人心所向。上天与先汗的旨意如此一致，天命不可违背，人心不可拂逆，先汗的遗命也不得违抗！"耶律阿保机听后问道："虽然有先汗的遗命，但诸位又如何知晓我继任可汗一定是天命所归呢？"耶律曷鲁回答："我们听说您出生之时，神光照亮天际，奇香布满帷帐。上天向来不会无缘无故施恩于人，必定是施恩于有德之人。我们契丹羸弱，长期受到邻近部落的欺侮，因此上天降下您这位圣人来振兴整个部落。先可汗知晓了天意，因而留下这样的遗命。遥辇氏子孙众多，并非没有可立之人，然而臣民们还是一同倾心于您，此乃天意！"耶律阿保机仍然坚辞不受。当天夜里，耶律阿保机单独找来耶律曷鲁，埋怨他道："众人借先汗遗命逼迫我，你难道不了解我无意汗位的心意？你怎么能跟随众人一同推举我呢？"耶律曷鲁回答："从前夷离堇雅里尽管推戴之人众多，但还是坚决推辞，并带头拥立阻午可汗。十几代相传下来，君臣的名分已乱，法纪的准则也被破坏。如今战事纷纷扰扰，百姓疲于奔命，部落兴旺的命运，就取决于今日的选择。您必须应天命、顺人心，以报答先汗的遗命。"经过几番劝谏与辞让，耶律阿保机于907年农历正月最终同意接受众人推举，即位为可汗。

耶律阿保机称汗之后，任命耶律曷鲁为于越。"于越"是契丹的一种官职，地位高于夷离堇，仅次于可汗，一些中国史籍中将其释义为"总知军国事"。耶律曷鲁的祖父耶律匣马葛是耶律阿保机祖父耶律匀德实的兄长，耶律曷鲁自幼与耶律阿保机一同长大，与他关系密切，成年后，二人经常并肩作战。耶律阿保机的三伯父耶律释鲁对二人极为欣赏，曾对家人说："将来能够光大我们家族的，必定是这两个孩子！"耶律曷鲁的父亲耶律偶思在临终前嘱咐耶律曷鲁："阿保机天生圣人，你要带领众兄弟忠心辅佐他。"耶律阿保机前来探望伯父耶律偶思时，耶律偶思更是紧紧握着耶律阿保机的手嘱托道："你乃是绝世之奇才，我已经嘱咐我的儿子曷鲁，要他带领众兄弟追随于你，望你好好照顾他们。"耶律阿保机与耶律曷鲁互换裘服、马匹，立誓永不相负。耶律阿保机即位为可汗之后，将耶律曷鲁视为自己最信赖的谋士。在耶律阿保机建立统一的契丹帝国过程中，耶律曷鲁也立下了汗马功劳。

到耶律阿保机担任可汗之时，契丹经过了几个世纪的发展壮大，已经降

辽太祖耶律阿保机像

服了东边与契丹同出自鲜卑宇文部的奚族和西边的游牧部族室韦，加之昔日草原上的霸主突厥汗国、回鹘汗国的衰落，契丹日益强盛。此时，松散的部落联盟已经不能适应契丹社会发展的需求，契丹社会亟需从松散的部落联盟过渡到统一的国家形态。每三年选举可汗的传统，导致了契丹最高领袖权位的频繁更迭，这必定影响契丹政局的稳定，进而影响契丹对新归附地区的管辖和治理，不利于统一的契丹国家的形成。针对契丹社会的新形势，耶律阿保机进行一系列革新，推动着契丹由部落联盟向帝国过渡。

第二节
诸弟之乱：汗位继承制的革新

耶律阿保机登上汗位之后，面临的首要问题就是汗位传承制度的革新，这同时也是契丹由部落联盟向帝国过渡阶段亟需解决的首要问题。按照契丹选举可汗的传统，一旦汗位掌握在某一家族或氏族手中，就意味着这个家族或氏族的所有成年男子都有机会当选可汗。依照传统，契丹可汗每三年选举一次，虽然可以连选连任，但这一传统毕竟为可汗所在家族或氏族的所有成年男子提供了当选可汗的可能性和合法性。契丹可汗是由选举产生，还是遵照有章可循的继承制度来传承，决定了契丹的国家性质。

针对当时契丹社会发展的新形势与契丹传统选汗制度之间的矛盾，耶律阿保机采取拖延战术，在暂时不改变传统的前提下，将可汗的选举日期一再拖延，以期争取更多的时间来应对新的内外形势，继而顺利完成社会变革。直到耶律阿保机登上汗位后的第五年，他仍然未举行可汗选举，这不可避免地遭到直接利益者的强烈反对。对耶律阿保机可汗权位的威胁和挑战，首先来自耶律家族的内部。

面对可汗权位的诱惑，耶律阿保机的弟弟们首先发起对汗位的争夺战。耶律阿保机的父亲耶律撒剌的育有六子，其中包括耶律阿保机在内的前五个儿子均由正妻述律岩母斤所生，第六子耶律苏由侧妻述律氏所生。耶律阿保机的四个同母弟耶律剌葛、耶律迭剌、耶律寅底石、耶律安端结成一派，连续三年发动了三次较大规模的汗位争夺战，史称"诸弟之乱"。

911年农历五月，耶律阿保机的二弟耶律剌葛带头对耶律阿保机的权位发起挑战。耶律剌葛在耶律阿保机称汗之后担任惕隐。"惕隐"（一些中国史籍中亦写作"梯里已"）是负责管理契丹可汗宗族内部政教事务以及后来契丹帝国皇帝宗族内部政教事务的官员，在主要以血缘为纽带结成社会组织的游牧民族中，"惕隐"地位极高，"惕隐"这一官职极为重要。耶律阿保机任命耶律剌葛为惕隐，足见他对这个弟弟的重视，耶律剌葛追随耶律阿保机东征西讨，具备杰出的军事才能，在契丹部众中也颇有威信。权力和能力兼备，使得耶律剌葛逐渐萌生出觊觎可汗之位的野心。按捺不住野心和权力欲的耶律剌葛，终于在911年联合其他三位耶律阿保机的同母弟，挑唆对耶律阿保机心怀不满的契丹守旧贵族，以索取战争中掳来的奴隶和牲畜为由，突然向耶律阿保机发难，借机打击耶律阿保机的权威。耶律阿保机在妻子述律月里朵的提醒下，意识到此事背后并非表面仅仅是对战利品分配提出异议，因此果断拒绝了契丹守旧贵族重新分配战利品的提议。耶律剌葛四兄弟见耶律阿保机并未上当，于是便密谋以武力攻取耶律阿保机的宫帐，抢夺象征契丹可汗权位的旗鼓和祖先的神帐。令他们意想不到的是，耶律阿保机五弟耶律安端的妻子粘睦姑因惧怕祸及自身，偷偷向耶律阿保机告密。耶律阿保机迅速采取行动，逮捕了四位弟弟。耶律阿保机念及手足之情，并没有处罚弟弟们，而是拉着他们登上高山，令他们立誓效忠自己，随即便原谅并释放了四位弟弟。第一次诸弟之乱宣告结束，耶律阿保机与弟弟们继续维持着表面上的和谐。

一年多之后，即912年农历七月，耶律剌葛、耶律迭剌、耶律寅底石、耶律安端四兄弟在耶律阿保机的叔父耶律辖底的怂恿下再次发动叛乱，新任惕隐、耶律阿保机的堂弟耶律滑哥也参与其中。耶律滑哥是耶律阿保机的叔父耶律释鲁之子，少时与耶律阿保机兄弟一同玩耍，一次因遇老虎险些丧命，幸好被耶律阿保机救下。耶律滑哥成年后，与父亲耶律释鲁的小妾私通，被耶律释鲁发现。耶律滑哥为避免遭受责罚，竟抢先杀害了父亲耶律释鲁。耶律释鲁遇害后，耶律阿保机掌权，为保住耶律家族颜面，耶律阿保机只好将罪责全部推诿于耶律释鲁的小妾，并将她处死，而对耶律滑哥则未予以惩罚。第一次诸弟之乱之后，耶律阿保机褫夺了弟弟耶律剌葛的惕隐之位，将耶律滑哥任命为新的惕隐。耶律滑哥非但不念及耶律阿保机的救命之恩、包庇之情、擢拔之义，反而恩将仇报，积极为耶律剌葛等人出谋划策。耶律剌葛四兄弟与耶律辖底、耶律滑哥等人谋划，趁耶律阿保机领兵亲征术不姑部凯旋之际，率军在半途阻截耶律阿保机。两军相持之时，耶律剌葛四兄弟毫不掩饰地要求遵照选举可汗的传统竞选。耶律阿保机没有与叛军发生正面冲突，而是假意应允，随即率军南下到达十七泺，立即举行选举仪式和燔柴礼，自行宣布自己是新可汗。这一做法完全符合可汗连选连任的传统，耶律阿保机抢在诸弟之前取得了可汗的合法地位。耶律阿保机抢先一步选举、登基，本就令耶律剌葛等人措手不及，又迅速率军北上，以正统可汗身份讨伐叛逆，轻而易举地抓获耶律剌葛四兄弟和叛乱者。耶律阿保机再一次念及手足之情，释放了自己的四个弟弟，但果断地处决了众多叛乱者。他将参与叛乱的叔父耶律辖底及其子耶律迭里特缢死，将耶律滑哥处以极刑。耶律滑哥临刑前，耶律阿保机难忍心中愤恨，历数其罪行："滑哥不畏上天，反君弑父，其恶不可言！诸弟作乱，皆此人教之也！"至此，第二次诸弟之乱被耶律阿保机成功平定。

913年农历三月，距离第二次"诸弟之乱"还不到一年时间，耶律剌葛、耶律迭剌、耶律寅底石、耶律安端四兄弟又一次发动叛乱。这次，四兄弟吸取了上一次失败的教训，趁耶律阿保机率军亲征芦水之机，自制旗鼓，抢先举行燔柴礼，拥立耶律剌葛为新可汗。之后，四兄弟兵分两路：耶律迭剌和耶律安端率领1000名精骑佯装去向耶律阿保机汇报政务，企图趁耶律阿保机不备之时将其杀害，耶律剌葛和耶律寅底石则率领叛军主力攻打留守老营的可汗宫帐，企图抢夺象征可汗权位的旗鼓和神帐。耶律迭剌和耶律安端没有多少权力斗争经验，他们的计谋很快被哥哥耶律阿保机识破，二人被擒，他们率领的1000名精骑也被耶律阿保机轻易收编。耶律剌葛和耶律寅底石一路兵马进展顺利，他们指挥叛军猛攻耶律阿保机留守老营的可汗宫帐。耶律阿保机的妻子述律月里朵沉着应对突如其来的变故，一面亲自率领自己掌握的侍卫亲军——珊瑚军拼死抵抗，一面派人火速向耶律阿保机求援。叛军依仗人多势众，放火烧毁了可汗宫帐的大批辎重和帐幕，夺走了象征可汗权位的旗鼓和神帐。述律月里朵一面组织众人救火，一面派遣骑兵会同耶律阿保机的援军追击耶律剌葛的叛军，但只夺回了旗鼓。耶律阿保机率军向北追至老哈河，便暂时停止了追击，他十分伤感地对部下说："人非草木，孰能无情，他们毕竟是我的兄弟，他们和手下将士们离家久了自然会想念家乡，时间长了他们自然会回来。"果真如耶律阿保机所言，耶律剌葛的部将们思乡之情油然而生，不断有人偷偷离开耶律剌葛逃回老营。耶律阿保机待叛军士气低落之时，一战平定叛乱，生擒耶律剌葛、耶律寅底石等人，夺回神帐。耶律阿保机又一次赦免了他的四个弟弟，但四兄弟的部将全部被处死。临刑前，耶律阿保机特许为这些人设宴三天，宴饮之后方才行刑。耶律阿保机采纳妻子述律月里朵的建议行刑，这些部将或被推下悬崖摔死，或被用乱石砸死，以儆效尤。至此，第三次诸弟之乱宣告结束。

作为"诸弟之乱"的始作俑者，耶律阿保机的四位同母弟结局不尽相同。

耶律阿保机的二弟耶律剌葛是三次诸弟之乱的领导者，三次诸弟之乱的目标也是诸弟拥立他为新可汗，取代耶律阿保机。诸弟之乱后，耶律剌葛虽然仅是受到杖责的象征性处罚，但与哥哥耶律阿保机之间的嫌隙已然无法挽回。"诸弟之乱"后不久，耶律剌葛便离开契丹，投奔南面的中原王朝。此时盛极一时的唐朝已经灭亡，907年至960年这53年间，中原、江南地区先后出现了很多短命王朝和割据政权，统称"五代十国"。耶律剌葛先是投奔了李克用建立的前晋（五代十国中后唐的前身），不久之后又投奔后梁。923年，李克用之子、后唐开国皇帝李存勖灭掉后梁，耶律剌葛被擒，李存勖痛恨他反复无常，将其灭门，耶律剌葛最终受到了应有的惩罚。

耶律阿保机的三弟耶律迭剌结局较好。他自幼聪慧好学，极具语言天赋，很受哥哥耶律阿保机赏识。一次，耶律阿保机命他接待回鹘使者，耶律迭剌原本对回鹘语言和文字一无所知，但经过与回鹘使者短短10天的交往，耶律迭剌竟熟练地掌握了回鹘语言和文字。10天之后，当耶律阿保机与回鹘使者交谈时，耶律迭剌已然能够将耶律阿保机的话准确无误地翻译给回鹘使者，并当场用回鹘文字笔录成文，耶律阿保机和回鹘使者都十分惊讶。诸弟之乱时，耶律迭剌只是受到二哥耶律剌葛的蛊惑而参与叛乱，他本人并没有多少政治诉求和政治目的。三次诸弟之乱后，耶律阿保机仅是象征性地对他处以杖责了事，随后仍然命他参与创建契丹小字。926年，耶律阿保机亲率大军灭亡渤海国，在渤海国故地建立东丹国，由太子耶律突欲担任东丹王，同时任命耶律迭剌为东丹国的左大相，请他辅佐太子耶律突欲。耶律迭剌最终得以善终，他主导创建契丹小字，对契丹文字的创建和发展做出了不可磨灭的巨大贡献。

耶律阿保机的四弟耶律寅底石在诸弟之乱中属于胁从叛乱，事后没有受到任何处罚，此后追随哥哥耶律阿保机东征西讨。在征讨渤海国的战争中，耶律寅底石立有战功，因功受封太师、政事令，辅佐东丹王耶律突欲。耶律阿保机驾崩后，妻子述律月里朵掌权。述律月里朵担心耶律寅底石对自己的地位构成威胁，于是派司徒划沙暗杀了耶律寅底石。

耶律阿保机的五弟耶律安端同四哥耶律寅底石一样，在诸弟之乱中属于胁从叛乱，事后没有受到任何处罚。926年，耶律阿保机御驾亲征渤海国时，任命耶律安端等人为先锋，渤海国灭亡后，耶律阿保机在当地建立东丹国。耶律阿保机的长孙、世宗耶律兀欲在位时，耶律安端一度被封为东丹国王。949年，驸马萧翰等人写信勾结耶律安端一同发动叛乱，被耶律安端之子耶律察割告发。由于没有什么实质性的叛乱行为，耶律安端也就没有受到实质性的处罚。951年，其子耶律察割弑君，耶律安端受牵连，被没收私城。952年农历十二月，耶律安端病逝，得以善终。

契丹文金鱼符

耶律阿保机六兄弟中，只有最小的弟弟耶律苏是耶律阿保机的异母弟，但耶律苏一直忠心追随耶律阿保机，即使在诸弟之乱中，耶律苏也坚定地站在耶律阿保机一边，在平定叛乱的过程中立有战功，在诸兄弟中最受耶律阿保机宠爱。在耶律阿保机驾崩数月后，耶律苏病故。耶律苏的后代在契丹帝国历任要职，其孙耶律奴瓜是后来契丹对宋朝战争中的重要将领，屡立战功。

诸弟之乱是耶律氏所在的迭剌部内部传统

军事贵族阶层对汗位构成威胁的集中反映，耶律阿保机成功平定三次诸弟之乱，标志着他完成了对迭剌部内部的统一。自此之后，耶律阿保机的可汗权位在迭剌部得以巩固，传统军事贵族阶层再无法对其构成威胁。耶律阿保机整合、革新了迭剌部，完成了统一整个契丹民族的第一步，这同时也是契丹由部落联盟向帝国转型的关键一步。

第三节
盐池之变：契丹八部的统一

耶律阿保机平定诸弟之乱、完成对耶律氏所在的迭剌部内部的统一之后，面临的下一个首要难题即是对契丹八部的统一。在传统的部落联盟体制下，契丹八部传统军事贵族阶层对汗权构成极大的制衡，契丹部落联盟的重大事务，必须经八部贵族会议，由八部贵族共同决议，可汗必须听取八部贵族的意见，不得独断专行，否则八部贵族有权废除可汗。可汗与传统军事贵族阶层之间的权力分配问题，是契丹由部落联盟向帝国转型过程中面临的首要难题。

契丹八部是由"白马青牛"传说中的两位契丹始祖所生的八个儿子世代繁衍而来，最早的八部分别是悉万丹部、何大何部、伏弗郁部、羽陵部、日连部、匹絜部、黎部和吐六于部，史称"古八部"。533年农历十月，北齐文宣帝亲征契丹，契丹遭受重创，各部溃败，部众离散，后来虽然又形成八大部落，但无论是部落名称，还是部落成员构成，均与最早的契丹八部有所不同。唐朝初年，契丹民众又逐渐整合为八个部落，分别是达稽部、纥便部、独活部、芬问部、突便部、芮奚部、坠斤部和伏部，此时正值大贺氏担任契丹部落联盟首领时期，因此这八部史称"大贺氏八部"，唐朝曾在这八部的领地分设十州，史称"十州建制"。8世纪上半叶，契丹经过10余年的动荡，直到730年，遥辇氏取代大贺氏成为契丹部落联盟首领，大贺氏八部也在政局动荡中分化瓦解、重新整合。到遥辇氏掌握契丹可汗之位时，新的契丹八部形成，它们分别是迭剌部、乙室部、品部、楮特部、乌隗部、突吕不部、涅剌部和突举部，史称"遥辇氏八部"。耶律阿保机称汗后，面临的八部贵族对可汗权位的挑战，则是来源于遥辇氏八部。

耶律阿保机登上汗位后，迟迟不举行可汗改选，其他七部贵族也普遍存在不满情绪，诸弟之乱中，也有其他七部贵族的参与。趁诸弟之乱刚刚平定、耶律阿保机实力有所削弱，七部贵族就立即联合向耶律阿保机施加压力，在耶律阿保机征讨黄头室韦班师途中截住他，要求他即刻举行可汗改选。耶律阿保机的迭剌部尚未从诸弟之乱的创伤中恢复过来，耶律阿保机只好采取以退为进的方针战术，暂时向七部贵族妥协，主动交出了象征可汗权位的旗鼓和仪仗，表明自己让出汗位的诚意。随后，耶律阿保机又主动将自己所辖的水草丰美的领地让给其他七部，他对七部贵族说："我手下有很多汉人，咱们契丹人习惯了草原上的放牧生活，可以纵马驰骋，但汉人无法适应这种生活。你们想要的好草场我都让给你们，我去汉地筑一座城，让汉人们住进去，从事耕种，我也率领我的部众搬去和他们一同居住。"七部贵族得到好处，便欣然同意。

耶律阿保机选择在滦河河畔盛产盐的地区筑城，这座城池是仿照中原王朝东北边境重镇幽州城的建制而筑的。在令汉人从事耕种的同时，耶律阿保机还大力发展盐业。契丹其他七部民众需要食盐，纷纷带着牲畜等物资来与耶律阿保机交换，耶律阿保机在贸易中迅速增强自身实力。待时机成熟，耶律阿保机采纳了妻子述律月里朵的计策，派人去对七部贵族传话："我有盐池，经常向你们提供盐，可是你们只知道吃盐，却从不念及盐也有主人！咱们都是同族兄弟，你们吃了我们这里生产的盐，要懂得感恩啊，是不是应该来犒劳我们啊？"七部贵族听罢，也觉得应该去酬谢耶律阿保机，于是纷纷赶着牛羊到耶律阿保机的城池拜访。耶律阿保机杀牛宰羊设下酒宴，盛情款待七部贵族。就在酒酣耳热之际，耶律阿保机伏兵四起，前来赴宴的七部贵族悉数被杀，耶律阿保机迅速挥师征讨，很快便降服了七部，夺回了可汗之位。这一事件大约发生在915年底至916年初，史称"盐池之变"。

盐池之变标志着耶律阿保机最终完成了对契丹八部的统一。自此之后，耶律阿保机的可汗权位不再受契丹各部传统军事贵族阶层的掣肘，这是契丹由部落联盟走向帝国的关键一步。盐池之变后，耶律阿保机开始着手建立新的国家。

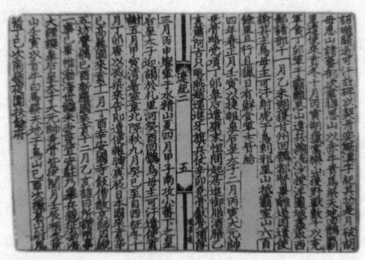

《辽史·太祖本纪》所载"日本国来贡"

第四节
太祖开国：契丹帝国正式建立

　　诸弟之乱和盐池之变后，契丹传统的军事贵族阶层没落，加之连年的对外战争，使得东北、西北的一些游牧部族先后纳入契丹版图，松散的部落联盟体制已经不再适应契丹社会发展的新形势，契丹国家形态的转型迫在眉睫。耶律阿保机顺应时势，最终完成了契丹由部落联盟向帝国的过渡。

　　对于契丹而言，916年又是改选可汗之年。耶律阿保机原本计划依照传统程序，通过一次形式上的选举来继任可汗，但这一计划遭到其麾下一位汉族谋士韩延徽的反对。也正是在韩延徽的推动下，耶律阿保机才正式建立了契丹帝国。

　　韩延徽出生于882年，恰好比耶律阿保机小十岁。韩延徽出生于中原王朝官宦世家，父亲韩梦殷历任蓟州（位于今北京市西南部）、儒州（位于今北京市延庆区）、顺州（位于今北京市顺义区）的刺史。韩延徽青年时期在唐朝末年割据幽州一带的卢龙节度使刘仁恭手下为官，担任幽都府文学、平州录事参军等职。907年，刘仁恭之子刘守光囚禁父亲，自立为卢龙节度使。由于连年征战、实力削弱，刘守光为求得契丹援助，尊耶律阿保机为叔父，以待叔父礼来待契丹。一次，刘守光派遣韩延徽出使契丹求援，韩延徽觐见耶律阿保机时，不肯行跪拜礼。耶律阿保机十分恼怒，将他扣留下来，罚他去草原上牧马。述律月里朵听说后，劝谏丈夫耶律阿保机道："韩延徽这个人自持操守，在困境中仍然不屈不挠，是一位贤士，可汗您怎么能够让他去牧马、让他受到如此折辱？这样的贤士，您应当加以礼遇才对啊！"耶律阿保机遂召见韩延徽，交谈之中发现他才识卓著，便留他在身边担任谋士。

当时中原动乱，有很多汉人逃亡到北方草原，归附契丹，但他们大多不习惯草原游牧生活，因而生活窘困，很多逃亡而来的汉人甚至沦为奴隶，这引起了当时契丹社会的诸多社会矛盾和民族间的摩擦。这一社会问题最初令耶律阿保机一筹莫展，韩延徽担任谋士时，向耶律阿保机献策筑城，以安置逃亡而来的汉人。耶律阿保机采纳了韩延徽的进言，选择合适地点筑起一批城池。依据韩延徽的建议，耶律阿保机将同乡汉人安置在同一座城池中耕作，并以他们家乡的名字为这座城池命名，甚至保留了他们家乡的里坊名称。这些城池被称为"侨县"。同时，耶律阿保机还指派专员为归附而来的汉人择定配偶，保障他们安居乐业。这些举措很好地解决了当时一系列的社会问题和社会矛盾，不仅使得归附而来的汉人能够融入契丹社会，而且提高了社会生产力、增加了税收。

出于思亲之情，韩延徽曾偷偷逃回中原探望母亲，并一度留在后唐为官，但因与同僚王缄有嫌隙而遭受排挤，又偷偷逃回契丹。传说韩延徽偷偷南逃前夕，耶律阿保机梦见一只白鹤从自己的帐幕中飞出，韩延徽返回契丹前夕，耶律阿保机又梦见白鹤飞入自己的帐幕之中。第二天醒来后，耶律阿保机对左右侍从说："韩先生就要回来了。"几日之后，韩延徽果然回到契丹。耶律阿保机非但没有责怪韩延徽，反而更加重用他，还高兴地为他赐名"匣列"，即契丹语"去而复来"之意。小说《杨家将》中"四郎探母"的故事，即取材于韩延徽探母的故事，只是故事的主人公由韩延徽换成了杨家四郎杨延徽（一些版本的《杨家将》中写作"杨延辉"）。

916年，契丹又逢改选可汗之年，耶律阿保机原本计划在形式上履行选举程序，为自己继任可汗提供合法性。韩延徽向耶律阿保机进言："契丹可汗要每三年选举一次，但中原皇帝都是终身为帝，从未听闻选举皇帝的故事，您何不称帝？"耶律阿保机深表赞同，在916年这一年最终废除了选举可汗的制度，正式称帝建国，定国号为"大契丹国"，年号"神册"。耶律阿保机的后世子孙九改九复国号，时而自称"大契丹"，时而自称"大辽"，耶律阿保机又被称为"辽太祖"。至此，契丹选举可汗的制度被废除，帝制在契丹最终确立。

"辽"的国号一般认为得名于辽水（今辽河）。关于契丹的国号，学界一般认为契丹帝国历史上最重要的国号变更有三次：耶律阿保机之子耶律尧骨（史称"辽太宗"）在位时，于947年改国号为"辽"，有学者持不同意见，认为这次改国号发生在937年或938年；耶律文殊奴（史称"辽圣宗"）在位时，于983年改国号为"契丹"；耶律查剌（史称"辽道宗"）在位时，于1066年改国号为"辽"。也有学者认为契丹实行的是"双国号制"，对契丹本族以及北方游牧渔猎民族自称"大契丹"，对中原地区自称"大辽"。

耶律阿保机称帝建国时，契丹已经通过一系列对外战争，将东北、西北的广大地区、众多民族纳入版图。登上帝位之后，耶律阿保机向东灭掉了渤海国，在原渤海国的基础上建立东丹国，由太子耶律突欲担任东丹王；向南夺取了今天河北北部、山西北部一些地区，将当地从事农耕的汉人囊括进契丹帝国之内。耶律阿保机建立的契丹帝国不再是单一民族构成的国家，其境内包含有多个民族、多种生产生活方式、多种经济形态以及多种文化。

面对契丹社会的新形势，耶律阿保机在韩延徽等谋士的建议和帮助下，采取"因俗而治"的方针，首创草原游牧帝国一国多制的基本国策，史书记载他"以国制治契丹、以汉制待汉人"，这一基本国策成为契丹帝国享国300余年的重要制度保障。

关于君主称号，自916年耶律阿保机称帝开始，契丹帝国的君主一般被称为"皇帝"。不过，在中国北方草原游牧民族的语言中，"可汗"即有"皇帝"之意，因此契丹帝国历史上有时会出现"皇帝"与"可汗"混用的情况，如耶律大石，在当时及后世，既被称为"天祐皇帝""德宗皇帝"等，又被称为"菊儿汗""葛儿汗"等。同理，在中国北方草原游牧民族的语言中，"可敦"即有"皇后""太后"之意，契丹帝国历史上也会出现"皇后""太后"与"可敦"混用的情况。契丹帝国皇帝登基，除了仿效中原王朝皇帝举行登基大典之外，同时也要遵从契丹民族可汗登基的传统，举行燔柴礼。

不同于中原王朝住所的"坐北朝南"习俗，北方草原民族的住所"坐西向东"。契丹帝国皇帝（可汗）的宫帐也不例外，可汗坐西向东，左手边为北方、右手边为南方。据此，耶律阿保机创立南、北面官制度，分别设置南院大王、北院大王。以南院大王为首的"南面官"按照中原汉地的制度治理汉人、渤海人等南方农耕民族，以北院大王为首的"北面官"按照草原民族的游牧传统习俗治理契丹、奚、室韦等北方草原民族，两套制度并行不悖。每逢朝会时，皇帝（可汗）与皇后（可敦）并坐，皇帝（可汗）穿着汉服、皇后（可敦）穿着"国服"（即契丹民族传统服饰），以北院大王为首的"北面官"居左、以南院大王为首的"南面官"居右。

契丹帝国保留了草原游牧民族"逐水草而居"的传统习俗，每年春夏秋冬四季，皇帝（可汗）的"斡耳朵"（契丹语"宫帐"之意，一些史籍中又写作"斡鲁朵"）要随季节迁移，这一制度被称为"四时捺钵"，又写作

"四季捺钵"，"捺钵"在契丹语中意为"行宫、行营、行帐"。四季的"捺钵"分别称为"春捺钵""夏捺钵""秋捺钵""冬捺钵"。最初，四时捺钵的地点并无定制，直到耶律文殊奴（即辽圣宗）在位时，才有定制：春捺钵的地点主要在长春州的鱼儿泺（今洮儿河下游的月亮泡）、混同江（又称"鸭子河"，今松花江流经吉林省扶余市的一段）一带，有时在鸳鸯泺（今内蒙古自治区集宁区东南黄旗海）一带；夏捺钵的地点在永安山（今内蒙古自治区乌珠穆沁旗东境）或炭山（今河北省沽源县黑龙山的西侧支脉）一带；秋捺钵的地点在庆州伏虎林（今内蒙古自治区巴林左旗西北西拉木伦河源、白塔子西北）一带；冬捺钵的地点在广平淀（今西拉木伦河与老哈河交汇处）一带，即"白马青牛"传说中仙人与天女相遇之处。四时捺钵制度既是游牧传统的体现，又带有巡查制度的性质。

为了更好地治理新归附的汉地，耶律阿保机组织学者创制契丹文字，他命以突吕不为首的学者们参照汉文，用300多个汉字作为拼音字母，创制契丹大字，又命以三弟耶律迭剌为首的学者们参照回鹘文和汉文，创制契丹小字，从此契丹人有了自己的文字。契丹文在东亚世界沿用近三个世纪，直至1191年，女真金国的章宗皇帝完颜麻达葛正式下诏，在官方和民间废止契丹文。

出于对汉文化的尊崇，耶律阿保机给自己和儿子们取了汉语名字：耶律阿保机给自己取汉语名字为耶律亿，给妻子述律月里朵取汉语名字为述律平，给长子（后立为太子）耶律突欲取汉语名字为耶律倍，给次子耶律尧骨取汉语名字为耶律德光，给第三子耶律李胡取汉语名字为耶律洪古。自此，契丹帝国历任皇帝（可汗）都有两个名字，即一个契丹语名字和一个汉语名字。此外，耶律阿保机因妻子述律月里朵所在的述律家族在他建国创制的过程中劳苦功高，特为述律家族选了汉姓"萧"。之所以选"萧"姓，主要是因"萧"为契丹语"述律"中第一个音节的谐音，同时又有期望述律家族能够像萧何辅佐刘邦一样辅佐自己的意涵。此后三百余年间，契丹帝国的皇后（可敦）几乎均出自萧氏一族，仅有一例特例，即世宗耶律兀欲同时册立的两位皇后中的一位为汉族女子甄氏。也正因此，契丹帝国历史上有很多位"萧皇后""萧太后"，其中最著名的当属辽圣宗耶律文殊奴的母亲承天太后萧绰。

耶律阿保机称帝以及推行的一系列革新措施，推动契丹最终完成了由部落联盟向帝国的转变，契丹帝国正式建立。

《辽史》（中华书局校勘本）

第五节
经略渤海：帝国扩张的开端

契丹帝国正式建立后，太祖耶律阿保机一面进行内政改革，一面对外扩张。耶律阿保机在位时期，契丹帝国主要扩张方向是向东扩展，消灭渤海国，在原渤海国的基础上建立东丹国，使其作为契丹帝国的属国。至10世纪下半叶，东丹国的历史结束，契丹帝国将这一地区划为直属地。经略渤海，成为契丹帝国扩张的开端，也为帝国版图的扩展和地方治理提供了典范。

渤海国是我国东北地区以粟末靺鞨为主体的地方少数民族政权，粟末靺鞨是中国东北地区游牧渔猎民族靺鞨的一支，靺鞨与肃慎、挹娄、勿吉乃至今天的满族均有渊源，今天的满族即来源于靺鞨的一支。渤海国极盛时，势力范围包括今天吉林省大部分地区、黑龙江省和辽宁省部分地区、朝鲜半岛北部地区以及俄罗斯滨海边疆区南部地区，在《新唐书》等中国史籍中被誉为"海东盛国"。

渤海国在历史上与契丹一直有着千丝万缕的联系和纠葛。690年，武则天篡唐自立为帝，改国号为"周"，史称"武周"。696年，契丹人因不满武周政权营州都督赵文翙的压迫，在李尽忠、孙万荣的带领下发动起义，在中原王朝的史籍中称为"营州之乱"。为拉拢契丹东面的粟末靺鞨共同夹击契丹，武则天册封粟末靺鞨首领乞乞仲象为"震国公"。"震"字取自《周易》震卦卦名，因震卦位于东方，故而武则天册封乞乞仲象为震国公。697年，乞乞仲象去世，其子大祚荣继任。698年，大祚荣在东牟山山城（今吉林省敦化市西南城子山山城，也有学者认为是今吉林省延吉市东南城子山山城或吉林省和龙县西古山城）正式建国，初名"震国"，大祚荣自称"震国王"。713年，唐玄宗册封大祚荣为"渤海郡王"，加授忽汗州都督，震国也因此更名为"渤海国"。

渤海国境内居民以粟末靺鞨人为主体，包含高句丽人、契丹人、奚族人、室韦人、汉人等。也正因此，渤海国与契丹交往密切，也时有边境摩擦。10世纪初，契丹帝国逐步建立，东面的渤海国成为契丹的主要威胁之一。渤海国常年在西部边境扶余府（治所扶余城，位于今吉林省农安县）屯驻重兵，对契丹构成重要威胁。无论是向南进攻中原王朝，还是向西、向北降服草原诸部族，渤海国都是契丹帝国东面的牵制力量。耶律阿保机称帝前后，其权位主要面临契丹内部传统军事贵族的威胁，无暇东顾。到10世纪20年代，契丹内部政局稳定，社会经济也已获得了长足发展，耶律阿保机遂决定亲征渤海国，"毕其功于一役"，彻底解决东面渤海国的威胁。

924年春，渤海国杀死了契丹帝国辽州刺史张秀实，并在辽州大肆劫掠。得知消息后，太祖耶律阿保机颁布诏书，宣称自己将御驾西征。众人接到诏书后极为诧异，渤海国在契丹帝国东边，而此时耶律阿保机却要西征，令人不解其中用意。只有太子耶律突欲领悟父皇声东击西的真实意图，于是配合父皇耶律阿保机伴装准备西征，以此麻痹渤海国。925年冬，耶律阿保机动员契丹各部，宣称渤海国为契丹的"世仇"，随后御驾亲征，倾全国主力进攻渤海国。925年末至926年初，契丹大军一举攻克渤海国西部边境重镇扶余城。攻克扶余城后，耶律阿保机命太子耶律突欲、次子耶律尧骨为先锋，进攻渤海国上京龙泉府（又称"忽汗城"，今黑龙江省宁安市西南渤海镇）。926年农历二月二十三日深夜，契丹军对龙泉府发起总攻，渤海国第十五代国王大諲撰率领城中军民拼死抵抗。3天之后，大諲撰见大势已去，只好带领王室、百官出城投降。至此，享国228年的渤海国宣告终结。

926年农历七月，大諲撰一家被送至契丹帝国上京临潢府，太祖耶律阿保机命人另筑一座新城，供大諲撰全家居住。此外，耶律阿保机给大諲撰更名为"乌鲁古"、给他的妻子更名为"阿里只"，这两个名字原是耶律阿保机在龙泉府受降时所乘的两匹马的名字，耶律阿保机将这两个名字赐给大諲撰夫妇，以此来纪念吞灭渤海国的战功。耶律阿保机对渤海国王室没有赶尽杀绝，而是妥善安置，这赢得了后世的高度赞誉。元代编纂的《辽史》中，评价辽太祖耶律阿保机有帝王气度，主要体现在三个方面："代遥辇氏，尊九帐于御营之上，一也；灭渤海国，存其族帐，亚于遥辇，二也；并奚王之众，抚其帐部，拟于国族，三也。"耶律阿保机先后取代了遥辇氏的可汗之位、攻灭了渤海国、降服了奚族，但对其均妥善安置，非但没有残害、屠杀这三股"敌对"势力的后代，反而给予其殊荣和生活保障，这充分体现了耶律阿保机宽容、仁爱的品德。

渤海国灭亡后，耶律阿保机在原渤海国的基础上建立东丹国，国名取"契丹之东"之意，定年号为"甘露"。东丹国作为契丹帝国的一个属国，由太子耶律突欲担任东丹王。原渤海国上京龙泉府被更名为"天福城"，作为东丹国的首府。耶律突欲基本保留了渤海国原有的行政制度。历任东丹国国王有权任命百官，东丹国常设四名宰相，两名由契丹人担任、两名由靺鞨人担任。东丹国每年须向契丹帝国贡纳细布五万匹、粗布十万匹、马一千匹，契丹帝国每有对外征战，东丹国须履行提供兵源、物资的义务。

耶律阿保机驾崩后，太子耶律突欲在皇位争夺战中失败，其弟耶律尧骨继承契丹帝国帝位。为削弱哥哥耶律突欲的势力，耶律尧骨陆续将部分东丹国居民迁出故地。929年，耶律尧骨将天福城居民迁至辽河流域，天福城遂废弃。渤海国灭亡后，先后被契丹帝国迁至契丹内地及辽东地区的原渤海国移民，多达100万之众，他们大多与周边民族融合。930年，耶律突欲渡海南逃至后唐，东丹国暂时由其妻萧氏摄政。大约在940年，耶律突欲的长子耶律兀欲继任东丹国国王。947年，耶律兀欲继承契丹帝国帝位，将祖父耶律阿保机的五弟耶律安端册封为东丹国国王。952年，耶律安端病逝，东丹国名存实亡。到982年，契丹帝国彻底废止东丹国国号，东丹国宣告结束。

渤海国疆域图

引自[日]杉山正明：《疾驰的草原征服者：辽 西夏 金 元》，乌兰、乌日娜译，桂林：广西师范大学出版社，2014年，第170页。

一国多制、因俗而治的国家治理模式是契丹帝国的基本国策。契丹帝国保留了原渤海国故地居民的生产、生活方式，对原渤海国故地采用中原汉地的制度来治理，主要由"南面官"担任地方行政长官。经略渤海，不仅是契丹帝国一国多制、因俗而治这一基本国策的体现，同时也是契丹帝国对外扩张，建构多民族、跨文化帝国的开端。

926年农历七月二十七日，太祖耶律阿保机于攻灭渤海国班师途中，病逝于扶余（今吉林省四平市西一带），终年55岁。耶律阿保机作为契丹帝国的开创者，为国家留下了宝贵的制度遗产的同时，也因改变契丹旧俗而遗留了一定的社会矛盾，耶律阿保机驾崩后，契丹帝国虽然经过了一系列的帝位争夺战，但耶律阿保机开创的一系列制度，特别是一国多制、因俗而治的基本国策得以沿用并不断发展完善，为契丹帝国的长足发展奠定了基础。

第三章 ~

帝位更迭：在徘徊中前行的帝国

926年，契丹帝国的建立者太祖耶律阿保机在征服渤海国之后的班师途中，病逝于扶余。耶律阿保机驾崩后，契丹帝国各种社会矛盾爆发，开始了长达数十年的帝位争夺战。幸运的是，在这一过程中，耶律阿保机开创的一系列制度特别是一国多制、因俗而治的基本国策得以沿用，逐渐发展完善，成为契丹帝国立国的基础。新兴的契丹帝国在长期的帝位争夺战中艰难前行。

第一节
断腕太后：第一次帝位争夺战

耶律阿保机病逝后，围绕契丹帝国帝位的归属问题，契丹帝国内部产生了严重分歧，这种分歧实则反映出了契丹帝国皇权与契丹传统军事贵族权力之间的角逐。

有史籍记载的太祖耶律阿保机子女，共四男一女，他们是长子耶律突欲（汉语名耶律倍）、次子耶律尧骨（汉语名耶律德光）、三子耶律李胡（汉语名耶律洪古）、四子耶律牙里果（汉语名不详）、女儿耶律质古（汉语名不详）。其中长子耶律突欲、次子耶律尧骨、三子耶律李胡、女儿耶律质古为耶律阿保机与可敦述律月里朵所生，四子耶律牙里果为宫人述律氏所生。

921年，耶律阿保机攻打后唐，四子耶律牙里果随军出征，被后唐军队俘虏，软禁于太原，直到936年（即耶律阿保机驾崩十年后）才被释放回国。耶律阿保机驾崩时，耶律牙里果不在契丹帝国国内，加之他本就是宫人所生，因此没有参与帝位竞争。耶律阿保机的继承人理应从他与可敦述律月里朵所生的三个儿子中选出。

述律月里朵所在的述律家族有着回鹘人的血统，述律月里朵生于878年，父亲名为述律婆姑，母亲是耶律阿保机的姑姑，其名在史籍中没有记载。述律月里朵年幼时就具有不凡的气质，《辽史》中曾记载：述律月里朵幼年时曾到西拉木伦河与老哈河的交汇处游玩，远远看见一位乘青牛车的仙女，令人意想不到的是，这位仙女见到述律月里朵后，慌忙避开，消失在茫茫草原之中。这位乘青牛车的仙女，正与契丹起源的"白马青牛"传说中的主人公之一相吻合。自从仙女为述律月里朵让路的事情发生后，草原上就流传着一句童谣："青牛妪，曾避路。"

892年，14岁的述律月里朵依照习俗，嫁给了比她年长6岁的表哥耶律阿保机。此后耶律阿保机征战在外时，述律月里朵或追随丈夫并肩作战，或为丈夫留守老营。耶律阿保机每遇大事，必征询妻子述律月里朵的建议，述律月里朵也时常对丈夫耶律阿保机谏言献策。在诸弟之乱、盐池之变中，述律月里朵均作为丈夫的左膀右臂，全力辅佐丈夫统一契丹、建立帝国。耶律阿保机感念妻子述律月里朵及其所在的述律家族功勋卓著，特为述律家族选汉姓"萧"。依据传统，述律家族即后来的萧氏家族被确立为契丹帝国的后族。

述律月里朵所生的三个儿子年幼时，耶律阿保机就对他们进行考验。耶律阿保机曾观察三个儿子的睡相，发现三子耶律李胡总是蜷缩在大哥耶律突欲、二哥耶律尧骨身后睡觉。在一个风雪交加的日子，耶律阿保机故意让三个儿子出去拾柴，以此来考验他们。长子耶律突欲精心选择长短相近的干柴，捆绑得整整齐齐背回家；次子耶律尧骨动作很快，出门之后将能找到的木柴无论长短、粗细、干湿，全部拾取来，不加分拣地捆成比自己还高的一大捆背回家，在兄弟三人中最先完成任务；三子耶律李胡怕冷，跟在二哥身后，只捡了二哥掉落的三五根木柴应付了事。耶律阿保机见状，对妻子述律月里朵说："长子心思缜密，二子敦厚实诚，比起两位哥哥，三子实在是远不能及。"

　　早在耶律阿保机登基称帝时，就采用"天、地、人"三才的典故，给自己上尊号为"天皇帝"，给妻子述律月里朵上尊号为"地皇后"，并效仿中原王朝，册封长子耶律突欲为太子，上尊号为"人皇王"。每逢大事，耶律阿保机必让耶律突欲参与决策，在攻灭渤海国之后，耶律阿保机更是对耶律突欲委以重任，将他册封为东丹王，让他负责治理原渤海国故地。虽然耶律突欲的太子名分早已确立，作为耶律阿保机的继承人似乎毫无悬念，但作为草原游牧民族的契丹，原始的可汗选举制仍有广泛影响，强者为汗的传统观念根深蒂固。耶律突欲一方面性格相对柔弱、战功不算显赫，一方面倾心中原汉文化、对草原传统习俗有所摒弃，导致契丹宗室贵族对他颇有微词。相比之下，耶律阿保机的次子耶律尧骨作战骁勇、战功卓著，而且性格在很大程度上保留有草原游牧民族的质朴，每临战事必冲锋在前，因而在契丹传统军事贵族阶层中口碑较好，也比较受尚武的契丹民众的拥戴。耶律阿保机在位时，就册封耶律尧骨为"天下兵马大元帅"，让他掌管全国兵权。这就造成了由太子耶律突欲所掌握的行政管理职权与由耶律尧骨掌握的军事职权相分离，为日后的帝位竞争埋下了隐患。

　　太祖耶律阿保机病逝后，为避免契丹帝国内部矛盾激化，述律月里朵并不急于遵从耶律阿保机的遗命拥立倾心中原汉文化的太子耶律突欲即位，而是以太后身份摄政，代掌国家最高权力，史称"应天太后"。

　　述律太后摄政，难免引起一些宗室贵族的不满，对此，述律太后采取铁腕手段打击异己，稳定朝政。每当有臣下向述律太后发难，述律太后便问："你思念先帝吗？"臣下只能回答："臣等曾受先帝隆恩，怎能不思念先帝！" 述律太后便借机说："若是真的思念先帝，就去陪伴、侍奉先帝吧！"随即以此为借口，赐死反对她摄政的臣下，为太祖耶律阿保机殉葬。每有被赐死的大臣家眷来质问，述律太后便对她们说："我作为一国之母、天下楷模，如今寡居，我赐死你们的丈夫，让你们守寡，也是帮助你们效仿我！"一次，来自中原王朝的降将、被耶律阿保机任命为汉军都团练使的赵思温触怒了述律太后，述律太后故技重演，问赵思温："你思念先帝吗？"赵思温当着满朝文武回答道："先帝最亲近的人莫如太后，如果太后愿去陪伴、侍奉先帝，那么臣等自然愿意跟随太后同去。"述律太后听罢，对赵思温及众臣说："我非常想去侍奉先帝，但我的儿子们年纪尚轻，国家不能无主，我怎能在此危急之时丢下儿子们和整个国家呢？"话音刚落，述律太后立即拔出腰间佩戴的金刀，毫不犹豫地将自己的右手齐腕砍下，吩咐侍从将自己的这只右手送往丈夫耶律阿保机墓中，代替自己陪葬。众臣见状，再无人敢反对述律太后摄政，述律太后受到了这次教训，不仅放过了公开顶撞自己的赵思温，而且此后再没有假借给先帝殉葬为借口滥杀大臣的举动。由此，述律太后在历史上留下了"断腕太后"的称号。

述律太后摄政期间，基本上扫除了朝堂之上的反对势力，稳定了契丹帝国的政局。在摄政约一年之后，述律太后权衡了国内外形势和契丹传统贵族阶层的势力，决定立手握重兵、战功卓著、在一定程度上能够代表契丹传统军事贵族利益的次子耶律尧骨为帝。927年秋，述律太后在上京临潢府举行了隆重的选举新帝仪式。她召集契丹宗室贵族、文武百官、各部酋长，宣布耶律阿保机帝位的继任者将由选举产生。述律太后让耶律突欲和耶律尧骨二人骑在马上，立于宫帐前，并向贵族和百官宣称："我这两个儿子都很优秀，我都很喜欢，也都适合继承帝位，我不能决定由谁继位，现在把决定嗣君人选的权力交给你们，你们认为谁适合做新君，就去执谁的鞍辔。"众臣知道述律太后属意次子耶律尧骨，并且契丹传统军事贵族也大多认为耶律尧骨是他们利益的代表，于是大家争先恐后地去执耶律尧骨的鞍辔，并欢呼着宣称愿拥立耶律尧骨为新君，耶律突欲马前无一人执其鞍辔。太子耶律突欲无奈之下，只得率领百官上书述律太后，宣称："大元帅（指耶律尧骨）功德及人神，中外攸属，宜主社稷。"他主动将原本应该由自己继承的帝位让给弟弟耶律尧骨。述律太后顺水推舟，宣布立耶律尧骨为帝。于是，927年农历十一月，即太祖耶律阿保机病逝一年多以后，耶律阿保机的次子耶律尧骨按照契丹传统习俗举行了燔柴礼，正式即契丹帝国皇帝位，史称"辽太宗"。耶律尧骨即位后，在上京为母亲述律太后修筑义节寺和断腕楼，并为她斩手殉夫的事迹树碑立传。

耶律尧骨即位后，原太子耶律突欲立即赶赴自己的封地东丹国，远离契丹帝国政治中心，以示无心争权。然而，述律太后和太宗耶律尧骨对耶律突欲并不放心，屡次派人暗中监视，想方设法地削减东丹国的势力，将东丹国居民大批迁往契丹帝国腹心地带或辽东农耕地区。在母亲述律太后的授意下，太宗耶律尧骨多次巡视东丹国，插手东丹国内部事务。此时契丹帝国南面的中原王朝处于五代十国时期，后唐明宗李嗣源得知契丹帝国帝位更迭之后，出于政治目的，暗中派人渡海到今天的辽东半岛面见耶律突欲，邀请他到后唐"避难"。930年，耶律突欲带着自己心爱的汉族妾室和珍藏的大量汉文图书典籍，从辽东渡海投奔后唐。耶律突欲在金州（今辽宁省大连市金州区）即将上船南逃之时，面对故土，不禁悲从中来，遂在海边立下木牌，刻下一首临别诗："小山压大山，大山全无力。羞见故乡人，从此投外国。"

耶律突欲到达中原后，后唐君臣以天子仪仗盛情迎接。后唐明宗李嗣源先是为耶律突欲赐姓"东丹"、赐名"慕华"，不久之后改赐国姓"李"，继而赐名"赞华"。

可能由于不幸遭遇的打击，耶律突欲定居后唐首都洛阳之后，性情由宽和变得暴戾。在后唐，耶律突欲不知何故染上了嗜饮人血的残暴嗜好，时常刺破姬妾的手臂吸血。他对待奴婢更是残忍，经常因她们犯有小错就用火烫她们的面颊和手臂，狂躁时甚至会刺瞎她们的双眼。耶律突欲带到后唐的汉族姬室夏氏，因对丈夫的暴戾性情而心生恐惧，曾一度哀求丈夫耶律突欲准许她出家为尼，但未得到耶律突欲的许可。936年，后唐的河东节度使石敬瑭勾结契丹大军南下，进攻洛阳。在洛阳失陷、后唐灭亡前夕，后唐末帝李从珂决定自焚殉国，并坚决"邀请"耶律突欲同焚，耶律突欲不从，被李从珂手下侍卫李彦绅杀害，时年38岁。

随着原太子耶律突欲让国远走、客死他乡，契丹帝国的第一次帝位争夺战宣告结束。这次帝位争夺战，实则反映出契丹帝国各项制度初创时期各种社会矛盾的积聚、爆发。述律太后虽然以心狠手辣的"断腕太后"形象载于史册，但她的独断，客观上调和了契丹帝国皇权与游牧民族传统军事贵族阶层利益之间的矛盾，维护了契丹帝国的统一，使得契丹帝国避免了因帝位更迭而陷于分裂。经过了帝位争夺战的洗礼，契丹帝国内部趋于稳定，并开始向南面发展。

《东丹王（耶律突欲）出行图》

第二节
谁主中原：吞并南朝的尝试

927年农历十一月，耶律阿保机次子耶律尧骨举行燔柴礼，正式即皇帝位，成为契丹帝国的第二位皇帝。在权位争夺中失败的原太子耶律突欲让国远走，契丹帝国第一次帝位争夺战结束，契丹帝国开始致力于向南发展。

早在耶律阿保机在位时，述律月里朵就为契丹帝国向南发展、夺取幽云之地献言献策。"五代十国"中位于南方的吴国为了联合契丹夹击中原一带的各方势力，曾向耶律阿保机进献一种攻城武器"火油"，挑唆耶律阿保机挥军南下。耶律阿保机收到火油之后非常高兴，当即想要亲自率领三万骑兵携带火油攻取幽州。述律月里朵连忙进言道："您可知树木没有了树皮，还能否存活？"耶律阿保机回答："不能。"述律月里朵借机继续劝导丈夫："幽州城也是如此，我们只需在它周围埋伏三千骑兵，时常骚扰城内的军民、掠夺城外的牛羊，让他们不得不困守孤城，直到粮草断绝。到那时，幽州城就像没有树皮的树木一样，自会归降我契丹。如今您又何必兴师动众，率领三万大军劳师远征呢？况且，怎能为了试验火油的威力就要去攻打别国呢？火油虽然威力巨大，但幽州城池坚固，万一久攻不克，我军必会人心离散。"耶律阿保机听后恍然大悟，遂放弃了利用火油攻取幽州的念头。

在朝政方面，耶律尧骨几乎完全听命于母亲述律太后，每遇大事，均由述律太后决断。述律太后十分宠爱幼子耶律李胡，耶律尧骨因而对弟弟耶律李胡屡屡委以重任。930年农历二月，耶律尧骨因耶律李胡攻占寰州（今山西省朔州市东）的战功，将先前所俘虏的原渤海国民户赐给他，壮大了耶律李胡的势力。同年农历三月，在母亲述律太后的授意下，耶律尧骨册封耶律李胡为皇太弟，史称"寿昌皇太弟"，兼任"天下兵马大元帅"一职。此后，每当耶律尧骨在外征战，均由耶律李胡留守上京。为了在契丹帝国国内树立威信、巩固权位，太宗耶律尧骨亟需建立重大战功。

更出人意料的是，逃亡后唐的耶律突欲也偷偷托人给弟弟耶律尧骨捎信，建议耶律尧骨挥师南下，入主中原。耶律突欲与耶律尧骨从小一起长大，兄弟间原本很要好，虽然因竞争帝位产生嫌隙，但多半是因母亲述律太后而起，二人之间并没有多大仇恨。加之耶律突欲原本宽仁，耶律尧骨一向耿直实诚，因此耶律突欲定居后唐、远离契丹之后，也时常感念兄弟之谊。耶律突欲在洛阳居住期间，目睹了中原战乱频仍、百姓流离失所的景象，于是几次偷偷托人捎信给弟弟耶律尧骨，希望他能够抓住大好时机，带领契丹人入主中原。

正当契丹帝国想要向南发展、进军中原之际，中原王朝政局也发生着巨大动荡。933年，后唐明宗李嗣源病逝，其子李从厚即位。934年，后唐明宗李嗣源的养子、潞王李从珂以"清君侧"为借口，在凤翔起兵叛乱，攻陷后唐首都洛阳，将在位仅五个多月的李从厚废黜，自立为帝，史称"后唐末帝"。不久之后，李从厚在卫州（位于今河南省卫辉市）被后唐末帝李从珂部下弑杀，年仅21岁。后唐明宗李嗣源的女婿、河东节度使石敬瑭遭到后唐末帝李从珂的猜忌和排挤，为保身家性命，投奔契丹帝国。936年，石敬瑭主动请求认比自己小10岁的太宗耶律尧骨为父（石敬瑭时年44岁，耶律尧骨时年34岁），请求太宗耶律尧骨出兵帮助自己争位。石敬瑭向太宗耶律尧骨提出三个答谢条件：一、"以父事契丹"，如果契丹帝国支持石敬瑭推翻后唐、建国称帝，那么新王朝名义上是契丹帝国的属国；二、将燕云十六州割让给契丹帝国；三、石敬瑭建立的新王朝每年向契丹帝国进贡30万匹帛。对于石敬瑭的这些许诺，他的亲信部下刘知远（后汉的创立者）认为所言过重，便向石敬瑭进言："称臣可以，'以父事契丹'则太过了！用丰厚的金帛贿赂契丹，足以使得契丹出兵相助，不必许诺将土地割让给契丹，否则日后将酿成大患，到时必将追悔不已！"石敬瑭急于向契丹帝国借兵来保命，未能听取刘知远的劝谏。

太宗耶律尧骨抓住良机，御驾亲征，统率5万骑兵自雁门关南下。太祖耶律阿保机在位时不支持大举南下的述律太后，此时认为时机成熟，也坚决支持儿子耶律尧骨进军中原。契丹大军在太原城下大败张敬达率领的后唐军队，斩杀万余人。936年农历十一月，太宗耶律尧骨在柳林（今山西省太原市小店区刘家堡乡西柳林村，俗称"柳林庄"）正式册封石敬瑭为皇帝，国号为"晋"，史称"后晋"，年号天福。耶律尧骨自解衣冠授予石敬瑭，石敬瑭当即尊太宗耶律尧骨为"父皇帝"，自称"儿皇帝"，充当契丹帝国统治中原地区的代理人。

太宗耶律尧骨拥立石敬瑭称帝之后，与石敬瑭联军向后唐首都洛阳进发。后唐将领高行周、符彦卿率军前来围攻太原，耶律尧骨假装撤退，避开后唐兵锋。之前在太原城下被契丹大军击败的后唐将领张敬达会同杨光远所部，在契丹大军西边迎战，还未列阵，太宗耶律尧骨就率军突袭，冲散后唐军阵。随后，耶律尧骨在高行周、符彦卿进军途中设伏，二人率领的后唐军队进入契丹大军的包围圈，首尾不能相顾，被打得落花流水。至此，后唐主力军全线溃败，数万士卒阵亡，丢弃的武器、盔甲、辎重堆积如山。后唐主力军被消灭后，后唐首都洛阳俨然一座孤城，完全暴露在契丹大军面前。

在洛阳失陷前夕，后唐末帝李从珂见大势已去，决定自焚殉国，并坚决"邀请"耶律突欲一同自焚。耶律突欲拒绝了李从珂的"邀请"，因而惨遭李从珂手下侍卫李彦绅杀害，时年38岁。耶律突欲南逃后唐时，只带了汉族妾室高氏，其余妻妾和四个儿子均留在了契丹。耶律突欲与高氏在后唐生下第五子耶律道隐，耶律突欲遇害后，高氏在乱军中不知所终，年幼的耶律道隐被一名僧人藏匿起来，后辗转到达契丹军营，终于见到了叔叔耶律尧骨。契丹大军攻入洛阳后，太宗耶律尧骨得知哥哥死讯，念及往日兄弟情谊，不禁追悔，于是将耶律突欲厚葬于他生前喜爱的医巫闾山，上谥号"文武元皇王"，并收集哥哥生前藏书，藏于医巫闾山望海堂——耶律突欲酷爱中原文化，生前曾在医巫闾山建有一座望海堂，购买万卷书籍珍藏其中。望海堂又被称为"万卷藏书楼"，是中国东北地区最早的私人藏书馆。

后唐灭亡之后，石敬瑭的后晋定都洛阳，后迁都开封。石敬瑭履行了对耶律尧骨的承诺，割让燕云十六州，尊称契丹帝国为"上国"，每年进贡30万匹帛，耶律尧骨遂退兵。938年农历十一月，"二十四史"中《旧唐书》的编修者之一刘昫等一些后晋重臣联名上书，为"上国"皇帝耶律尧骨上尊号为"睿文神武法天启运明德章信至道广敬昭孝嗣圣皇帝"，极尽谄媚。

942年，仅做了不足六年"儿皇帝"的石敬瑭病逝，时年50岁。石敬瑭生有七个儿子，大多早夭，石敬瑭病逝时仅剩4岁的幼子石重睿尚在。石敬瑭临终前，原本向宰相冯道托孤，希望他辅佐石重睿即位。但石敬瑭死后，冯道联合侍卫亲军都指挥使景延广擅自拥立石敬瑭的养子、手握重兵的石重贵即位。

冯道生于882年，瀛州景城（位于今河北省沧州市西北）人，是五代十国乱世中一位传奇人物。冯道早年曾在五代十国时期北方割据政权燊燕的皇帝刘守光手下效力，而后历仕"五代"中的后唐、后晋、后汉、后周四朝。冯道先后效力于后唐庄宗李存勖、后唐明宗李嗣源、后唐闵帝李从厚、后唐末帝李从珂、后晋高祖石敬瑭、后晋出帝石重贵、后汉高祖刘知远、后汉隐帝刘承祐、后周太祖郭威、后周世宗柴荣十位皇帝，始终担任将相、三公、三师之职，其间还在契丹帝国太宗耶律尧骨手下担任过太傅。冯道一生共侍奉了六朝十二位皇帝，五个已成年的儿子也都担任中高级官职。古人有避尊者讳的传统，据传说，冯道的儿子们在讲学时，每次遇到父亲名字"道"，都要用"不敢说"代替，例如讲到老子《道德经》中"道可道，非常道"一句，冯道的儿子们就将这句读为："不敢说，可不敢说，非常不敢说！"一时传为笑谈。冯道在乱世官场能够左右逢源，主要靠审时度势。石敬瑭死后，冯道权衡利弊，擅改遗诏，拥立实权派贵戚石重贵即位，史称"后晋出帝"。

石敬瑭尊辽太宗耶律尧骨为"父皇帝"，自称契丹帝国的"儿皇帝"，他的养子石重贵在辈分上就应是契丹帝国的"孙皇帝"。然而，石重贵即位后，不甘充当契丹帝国统治中原的代理人，一改养父石敬瑭"以父事契丹"的做法，派遣金吾卫大将军梁言、判四方馆事朱崇节出使契丹交涉，坦言自己只称"孙"、不称"臣"。同时，石重贵还有意拖欠养父石敬瑭曾许诺给契丹的每年30万匹帛。太宗耶律尧骨大怒，再次御驾亲征，在后唐降将赵延寿的引导下挥师南下。后晋将领杜重威在前线倒戈，致使契丹大军顺利攻入后晋腹地。947年，契丹大军攻入后晋都城开封，俘虏石重贵，后晋灭亡。石重贵一家被押解北上，受尽屈辱，最终客死他乡。为招抚后晋降卒，耶律尧骨先后假意对赵延寿、杜重威许以"皇帝梦"，让他们安抚降卒。这二人均是企图模仿石敬瑭、借契丹势力登上皇位的野心家，得到太宗耶律尧骨的许诺后，先后兴高采烈地穿上龙袍，到后晋降卒中招摇。不明真相的后晋降卒见到还是由中原人做皇帝，便安心接受契丹军整编。待完成对后晋降卒的整编、扩充了军力之后，耶律尧骨就先后将赵延寿、杜重威逮捕，并幽禁至死。

占领开封后，耶律尧骨登上城楼，对开封百姓们宣称："我们原本不想到你们这里来，是你们的皇帝引我们来的，你们不要害怕。朕做得草原之主，也做得中原之主。"随后，耶律尧骨按照中原皇帝的礼仪举行了登基大典，在崇元殿接受百官朝贺，定国号为"辽"，因而耶律尧骨也被称为"辽太宗"。

太宗耶律尧骨坐上中原皇帝御座的同时，纵容契丹军队以牧马为名，四处抢掠，名为"打草谷"。契丹军队的劫掠引起中原百姓的激烈反抗，中原各地拥兵自重的将领们也有人借机起兵。947年夏天，太宗耶律尧骨见自己在中原的统治岌岌可危，便以天气炎热、回草原看望母后为名，将开封城内大小府库所有财物搜刮殆尽，率军北返。耶律尧骨在北返途中，曾给留守上京的弟弟耶律李胡写信，总结自己在中原的"三失"："派人到各地搜刮百姓钱财，为第一失；纵容契丹将士'打谷草'，为第二失；没有尽早遣返节度使回到原驻地去治理各镇，为第三失。"

契丹大军行至栾城（今河北省石家庄市栾城区）外一片树林中宿营时，太宗耶律尧骨因高烧于947年农历四月二十二日病逝，时年45岁，这片树林因此被当地人称为"杀胡林"。耶律尧骨驾崩后，由于天气炎热，群臣担心他的遗体腐坏，于是将遗体剖开，摘去肝脏，放空血液，用盐和香料将遗体做成干尸，运往草原，史称"帝祀"。也正因此，中原百姓一度戏称太宗耶律尧骨为"肉干皇帝"。至此，契丹帝国第一次吞并南方中原王朝的尝试告终。

虽然契丹大军退出中原北返，但石敬瑭许给契丹的燕云十六州正式脱离中原王朝管辖、长久划入了契丹帝国的版图。燕云十六州是今天河北、山西北部广大地区，包括幽州（今北京市区）、顺州（今北京市顺义区）、儒州（今北京市延庆区）、檀州（今北京市密云区）、蓟州（今天津市蓟州区）、涿州（今河北省涿州市）、瀛州（今河北省河间市）、莫州（今河北省任丘市北）、新州（今河北省张家口市涿鹿县）、妫州（今河北省张家口市怀来县）、武州（今河北省张家口市宣化区）、蔚州（今河北省张家口市蔚县）、应州（今山西省应县）、寰州（今山西省朔州市东）、朔州（今山西省朔州市区）、云州（今山西省大同市云州区），后来个别州有过更名。

燕云十六州的战略位置极为重要，《契丹国志》中称："幽、燕诸州，盖天造地设以分藩汉之限，诚一夫当关，万夫莫前也。"实际上，先后纳入契丹帝国版图的中原各州不仅燕云十六州：李嗣源在位时期，契丹帝国攻占了平州（位于今河北省卢龙县一带）；后梁与后唐政权交替之际，契丹帝国趁中原王朝无暇北顾之机，攻占了宁州（位于今辽宁省瓦房店市西北70里永宁镇一带）和营州（位于今辽宁省朝阳市一带）；后晋将领杜重威投降契丹帝国后，契丹帝国又攻占了易州（位于今河北省易县一带）。太宗耶律尧骨对燕云十六州等州因俗而治，设置官吏，据《辽史》记载："（太宗耶律尧骨）升北、南二院及乙室夷离堇为王，以主簿为令，令为刺史，刺史为节度使，二部梯里己为司徒，达剌干为副使，麻都不为县令，县达剌干为马步。"自此之后，契丹帝国历代君主坚持因俗而治的方针，用汉法治理燕云十六州等中原各州，开垦荒地，劝课农桑，由南面官负责管理。其中幽州和云州后来分别成了契丹帝国的南京和西京。契丹帝国占据了燕云十六州之后，原本作为中原王朝防御北方游牧民族的长城就被囊括进契丹帝国的版图，中原王朝失去了北疆的长城屏障，北方游牧民族骑兵便可长驱直入中原腹地。此后中原王朝如后周、北宋均试图收复燕云十六州，但都以失败告终。

获得燕云十六州之后，契丹帝国融合了草原游牧民族传统和中原王朝制度，创立了五京制，陆续建立"五京"，即上京临潢府（今内蒙古自治区赤峰市巴林左旗南）、中京大定府（今内蒙古自治区宁城县）、东京辽阳府（今辽宁省辽阳市）、南京析津府（今北京市西南）、西京大同府（今山西省大同市）。至此，契丹帝国一直以来实行的四时捺钵制和五京制并行，是契丹最高权力中心一国多制理念的具体体现。

契丹帝国之前的草原帝国虽然也在一定程度上采取过因俗而治的某些方针政策，但契丹帝国首次将因俗而治的方针政策予以制度化，将一国多制定为基本国策，建立了一套较为完整的制度体系，是草原游牧帝国一国多制的开端。

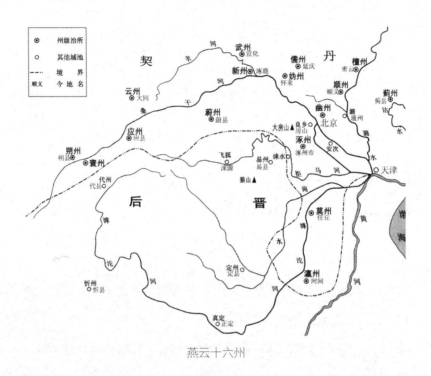

燕云十六州

第三节
横渡之约：第二次帝位争夺战

947年，太宗耶律尧骨在率军从中原北返的途中驾崩，契丹帝国帝位再一次虚悬，第二次帝位争夺战拉开序幕。

按照述律太后的安排，太宗耶律尧骨之后，帝位应由耶律李胡继承。早在930年农历三月，太宗耶律尧骨就在母亲述律太后的授意下，册封耶律李胡为皇太弟，兼任天下兵马大元帅。"天下兵马大元帅"原本是耶律尧骨在登上帝位之前的官职，耶律尧骨在册封他为皇太弟的同时，将"天下兵马大元帅"一职也授予耶律李胡，让他掌管整个契丹帝国的军事大权，事实上使得他的储君地位得到了极大的巩固。述律太后如果扶持幼子耶律李胡为帝，自己便可以继续以皇太后的身份执掌朝政。但这一原本17年前就已安排妥当的布局，却被南征将士打乱。

太宗耶律尧骨驾崩后，契丹南征诸将一致拥立太祖耶律阿保机的长孙、耶律突欲的长子耶律兀欲（汉语名耶律阮）为帝。太祖耶律阿保机的长子耶律突欲有五个儿子，分别是长子耶律兀欲、次子耶律娄国、第三子耶律稍、第四子耶律隆先、第五子耶律道隐。其中长子耶律兀欲、次子耶律娄国、第三子耶律稍为出身契丹后族的萧氏所生，第四子耶律隆先为出身原渤海国王族的大氏所生，第五子耶律道隐为汉族女子高氏所生。930年，耶律突欲让国出走时，只带走了汉族妾室高氏，并与她在后唐生下第五子耶律道隐，其余妻妾和四个儿子均留在了契丹帝国。耶律兀欲生于917年，即耶律阿保机正式称帝的第二年，他身材魁梧、精于骑射，又是太祖耶律阿保机的长孙，深得耶律阿保机和耶律突欲几兄弟的喜爱。耶律突欲投奔后唐之后，太宗耶律尧骨就将侄子耶律兀欲带在身边，视如己出。947年，后晋灭亡，耶律尧骨在开封再次举行登基大典时，册封耶律兀欲为永康王。耶律尧骨北返途中突然病逝，没有留下任何遗诏，契丹帝国帝位虚悬。为避免述律太后在太祖耶律阿保机驾崩后大开杀戒的历史重演，加之耶律李胡性情残暴嗜杀、耶律突欲的不幸遭遇深得同情，南征诸将在南院大王耶律吼、北院大王耶律洼、太祖耶律阿保机五弟耶律安端等宗室贵族的带领下，一致同意拥立耶律兀欲为帝。在太宗耶律尧骨驾崩后的第二天，即947年农历四月二十三日，耶律兀欲随即在耶律尧骨的灵柩前即帝位。

远在上京的述律太后得知儿子耶律尧骨驾崩、耶律兀欲即位的消息后，未流下一滴眼泪，而是面向南方，对着儿子耶律尧骨的在天之灵悲愤地呼喊："等诸部平定如故，我再来安葬你。"说罢，派幼子、天下兵马大元帅耶律李胡率领留守上京的宫卫骑兵南下"讨逆"，进攻擅自即位的耶律兀欲，夺取皇位。在耶律兀欲一方，太祖耶律阿保机五弟耶律安端、太祖耶律阿保机四弟耶律寅底石之子耶律刘哥请命担任先锋，北上迎击耶律李胡，两军接战于泰德泉。当初太宗耶律尧骨带领南征的军队本就是契丹帝国的精锐之师，加之耶律李胡才智平平，因此耶律李胡大败。述律太后见儿子耶律李胡大败而归，于是亲自领兵南下，与孙子耶律兀欲率领的南征大军在上京城外的西拉木伦河横渡之地隔河对峙。

述律太后与孙子耶律兀欲双方均没有主动发起进攻，是因为双方均投鼠忌器。对于述律太后一方而言，契丹帝国的精锐都在支持耶律兀欲的南征部队之中，此时她掌握的军队无论在数量上，还是在战斗力上，都远不及耶律兀欲的军队。同时，在第一次帝位更迭之际，述律太后采取铁腕手段，杀伐无度，因而失去了人心，例如她隔河质问出身自己娘家的萧翰为何投靠耶律兀欲时，萧翰理直气壮地反驳她："你当初为了立威，无故杀掉我的母亲，我已经怨恨你很久了！"对于耶律兀欲一方而言，虽然军事上占据优势，但述律太后大军背后依托上京城，上京城防坚固，易守难攻，加之宗室贵族、南征将士留在上京城中的家眷均被述律太后和耶律李胡扣押作为人质，耶律兀欲也不敢贸然发动进攻。

正当祖孙二人相持不下之际，孟父房的一名宗室贵族成员耶律屋质挺身而出，调解祖孙之间的矛盾。"孟父房"是契丹帝国四帐皇族中的一支。耶律阿保机的祖父是耶律匀德实，他生有四子，长子耶律麻鲁早夭无后，次子耶律岩木的后世子孙为"孟父房"，第三子耶律释鲁的后世子孙为"仲父房"，第四子即耶律阿保机的父亲耶律撒剌的，在这一支中，耶律阿保机的后世子孙为"横帐"，耶律阿保机的弟弟耶律剌葛、耶律迭剌、耶律寅底石、耶律安端的后世子孙为"季父房"，它们统称"一帐三房"。由此，耶律匀德实一支的皇族成员统称为"四帐皇族"。耶律屋质即出身四帐皇族中的孟父房。

耶律屋质首先劝说述律太后道："李胡和兀欲都是太祖与太后您的子孙，无论谁做皇帝，国家都没有落入外人之手，您何必如此固执呢？如今罢兵议和才是上策。"耶律屋质随即主动提出愿意代表述律太后去耶律兀欲军中议和。得到述律太后应允后，耶律屋质赶到耶律兀欲军中，当众劝说耶律兀欲道："大王您一旦动刀兵，难免骨肉相残。即使大王您赢了，被太后和李胡扣押的人质岂不是要先送命？况且胜负未可知，还是请大王您和太后以和为贵。"耶律兀欲帐中众将听了耶律屋质的话，担心自己的家眷遇害，于是纷纷劝谏耶律兀欲，耶律兀欲终于同意愿与祖母述律太后见面商议罢兵事宜。耶律屋质即将起程回营向述律太后复命时，耶律兀欲质问他道："你我二人一向亲近，你为何反而协助太后？"耶律屋质正色答道："臣以社稷为重，不助任何人！"耶律兀欲听罢深感钦佩，礼送耶律屋质离去。

几天之后，述律太后与耶律兀欲见面，二人当即争吵起来。争吵中，述律太后转而对耶律屋质说："既然是你首先提出议和，那么由你来主持公道！"耶律屋质慢吞吞地说："太后与大王彼此退让一步，臣才敢开口。"述律太后应允道："但说无妨！"耶律屋质听罢，首先质问述律太后："当初太祖已将人皇王立为太子，太后为何要改立太宗呢？"述律太后辩解道："改立皇储的事，太祖生前原本是对我说过的，只是未及颁诏，太祖便先驾崩了。"耶律屋质转而质问耶律兀欲："太后既为尊长，大王您为何擅自即位，不先征得尊长同意？"耶律兀欲愤愤地回答："我父亲当初本应继承帝位，却因她（述律太后）而不得即位，所以我如今不愿禀报！"耶律屋质反问道："人皇王舍弃父母之邦，抛弃母亲、兄弟、妻儿投奔他国，世上有这样做儿子、做兄长、做丈夫、做父亲的吗？大王您对此非但没有一丝愧意，反而满怀怨气，是何道理？"不等耶律兀欲开口说话，耶律屋质转而指责述律太后道："至于太后您，为了自己的私心和偏心，擅自更改太祖遗愿，至今仍无悔意！你们这样还妄谈议和，我看还是各自回营准备开战吧！"说罢，耶律屋质气愤地将手中笏板重重摔在地上，拂袖往帐外走。眼见谈不拢，述律太后流着泪说："当初太祖在世时，诸弟作乱，手足相残，这些都是我亲身经历过的，如今我怎愿再看到骨肉开战、手足相残的悲剧呢！"耶律兀欲见祖母述律太后态度缓和下来，也赶紧表态："当初我父亲以太子身份失去帝位，宁愿远走他国，都不愿与亲人兵戎相向，如今我又怎愿、怎敢做当初父亲不愿也不肯做的事呢！"说罢，祖孙二人一同捡起笏板，交还到耶律屋质手中，一场一触即发的内战总算在千钧一发的紧要关头平息下来。

双方均表明了不愿开战的态度，接下来就是确定帝位的人选。述律太后首先征求耶律屋质的意见，耶律屋质明确表示："帝位授予永康王（耶律兀欲），才能顺应天意人心。"没等述律太后答话，一旁的耶律李胡跳出来指着侄子耶律兀欲对众人说道："有我在，他休想称帝！"耶律屋质厉声斥责耶律李胡道："当年太宗取代人皇王即帝位，尽管他文武兼备，仍然惹来议论。你不得人心，如果强求帝位，惹来的又何止一点儿议论呢？拥立永康王是众望所归，已成定局！"述律太后也对耶律李胡叹息道："我一直疼爱你甚于其他孩子，如今不是我不想立你为帝，实在是你自己不争气，缺乏才能和人望啊！"随后，述律太后与耶律兀欲达成和解，双方罢兵回上京，耶律兀欲被拥立为契丹帝国第三任皇帝，史称"辽世宗"。述律太后与耶律兀欲

耶律突欲所绘的契丹贵族

祖孙二人最终达成和解，避免了契丹帝国陷入大规模内战，这一事件史称"横渡之约"。

"横渡之约"标志着契丹帝国第二次帝位争夺战的结束，但"横渡之约"仅仅是在双方势均力敌、投鼠忌器的情势下达成的暂时和解，契丹帝国内部仍然暗潮涌动，围绕帝位继承问题所产生的隐患仍然存在。

第四节
世宗遇弑：皇权与军事贵族的矛盾

　　947年，契丹帝国第二次帝位争夺战以"横渡之约"为标志，宣告结束，太祖耶律阿保机长孙耶律兀欲即位为契丹帝国第三任皇帝，史称"辽世宗"。第一次帝位争夺战结束后，契丹帝国迎来了较长一段向外发展的黄金时期，将燕云十六州纳入版图，而第二次帝位争夺战虽然宣告结束，但各方势力仅仅是表面上暂时和解，契丹帝国内部各种社会矛盾仍然存在，其中皇权与传统军事贵族阶层之间的矛盾尤为突出。

　　世宗耶律兀欲正式登基之后，面临的首要问题就是祖母述律太后对自己权位的潜在威胁。耶律兀欲正式登基后不久，就收到密报，密报中称耶律李胡意图联合述律太后谋反自立为帝。于是世宗耶律兀欲先下手为强，将祖母述律太后和叔叔耶律李胡幽禁在祖州（今内蒙古自治区巴林左旗西南石房子村），令他们在祖陵外面陪伴太祖耶律阿保机。时人以及后世均怀疑所谓的"密报"是世宗耶律兀欲的有意安排，其目的是解除祖母述律太后、叔叔耶律李胡对帝位的威胁。951年，太宗耶律尧骨之子穆宗耶律述律即位，解除了对二人的幽禁。953年，述律太后病逝，时年74岁，与太祖耶律阿保机合葬于祖陵。

　　世宗耶律兀欲不仅以子虚乌有的罪名幽禁了祖母述律太后，而且在册立皇后的问题上，也有意打压述律家族的势力。太祖耶律阿保机在位时，因妻子述律月里朵及其所在的述律家族在契丹帝国创建过程中功勋卓著，特为述律家族选了汉姓"萧"，并将述律氏（萧氏）定为契丹帝国的后族，契丹帝国的皇后均出自述律氏（萧氏）家族。世宗耶律兀欲主要出于削弱祖母述律太后所在的述律氏（萧氏）家族的势力，在即位不久就册立汉族女子甄氏为皇后。甄氏出生于905年，比世宗耶律兀欲（生于917年）年长12岁。她原本是后唐的一名普通宫女，936年，契丹大军南下，灭亡后唐，随军出征的耶律兀欲看中了时年31岁的宫女甄氏，将她纳为妾室。耶律兀欲在即位的同一年，即947年，便将甄氏册封为皇后。耶律兀欲之所以选定甄氏为皇后，有意回避出身述律氏（萧氏）家族的人选，主要原因是限制祖母述律太后所在的述律氏（萧氏）家族的权势，以巩固帝位。

　　世宗耶律兀欲册立甄氏为皇后的举动难免触动了契丹传统军事贵族阶层特别是述律氏（萧氏）家族的利益，因而遭到普遍的、强烈的反对。在耶律兀欲册立甄皇后的第二年，即948年，述律氏（萧氏）家族成员中曾坚定拥立耶律兀欲为帝的萧翰，就联合耶律天德、耶律刘哥、耶律盆都等人发动叛乱。此次叛乱声势浩大，参与者也多为位高权重的宗室贵族，如耶律天德是太宗耶律尧骨第三子，耶律刘哥和弟弟耶律盆都均是太祖耶律阿保机的三弟耶律寅底石之子。世宗平定叛乱后，只将出身太宗耶律尧骨一系的耶律天德处死，并以杖击之刑处罚萧翰，将耶律刘哥流放边疆，罚耶律盆都出使契丹帝国西北方向上的游牧部族黠戛斯。这场叛乱平定后的第二年正月，即949年正月，萧翰与妻子、世宗的妹妹耶律阿不里再次联络宗室贵族谋反，世宗耶律兀欲这次没有放过萧翰，而是将他处死，并将妹妹耶律阿不里逮捕入狱，不久之后，耶律阿不里病死狱中。

经过了萧翰的两次叛乱，世宗耶律兀欲深知触动贵族阶层利益特别是契丹帝国后族述律氏（萧氏）家族利益所带来的严重后果。949年农历十月，世宗耶律兀欲迫于压力，不得不册封出身述律氏（萧氏）家族的萧撒葛只为皇后，与甄皇后并立。世宗耶律兀欲共有两位皇后和两位妃子，除甄皇后之外，另一位皇后萧撒葛只、两位妃子萧啜里和萧蒲哥均出身契丹帝国的后族述律氏（萧氏）家族。耶律兀欲共有三子三女，长子耶律吼阿不、次子耶律明扆（即后来的辽景宗）、长女耶律和古典、次女耶律观音、三女耶律撒剌均为皇后萧撒葛只所生，只有第三子耶律只没为甄皇后所生。萧撒葛只薨逝后，谥号为"孝烈皇后"，1052年兴宗耶律只骨在位时，改谥"怀节皇后"。在契丹帝国三百余年间，甄皇后始终未获得任何谥号，甚至当时以及后世的一些典籍不承认她的皇后身份，将她称为"世宗妃"。可见世宗耶律兀欲册封甄氏为皇后，在当时朝野震动极大，以至于后世子孙甚至不愿承认这名汉族女子曾做过契丹帝国的皇后。契丹帝国三百余年间，非述律氏（萧氏）家族出身的皇后仅甄皇后一例，契丹帝国此后的历代皇帝再无人对从述律氏（萧氏）家族中选后的这一传统发起挑战。册立甄皇后所引发的风波，反映了契丹帝国皇权与军事贵族权益之间的矛盾，作为游牧文化的契丹帝国，始终摆脱不了游牧民族血缘氏族势力的影响，也始终摆脱不了传统军事贵族阶层的影响。

世宗耶律兀欲在位期间，一直致力于打压契丹传统军事贵族阶层对皇权的威胁，可恰恰是皇权与军事贵族之间的矛盾，最终导致了耶律兀欲的悲惨结局。

早在949年驸马萧翰等人第二次发动叛乱时，萧翰就试图拉拢太祖耶律阿保机的五弟耶律安端参与其中。在耶律阿保机担任可汗的时期，耶律安端就同三位哥哥耶律剌葛、耶律迭剌、耶律寅底石一起发动过三次诸弟之乱，但他在三次诸弟之乱中均属于胁从叛乱，因而未受到太祖耶律阿保机的处罚，甚至在太祖、太宗、世宗三朝屡受重用。926年耶律阿保机征讨渤海国时，就曾任命耶律安端与耶律突欲、耶律尧骨一道统率先锋部队，世宗耶律兀欲在位时，耶律安端一度被封为东丹国王。949年，萧翰等人写信勾结耶律安端一同发动叛乱，还没等耶律安端有所回应，就被其子耶律察割发现。耶律察割毫不犹豫地面见世宗耶律兀欲，告发自己的父亲耶律安端意图与萧翰等人勾结谋反。待萧翰等人的叛乱被平定后，由于耶律安端没有什么实质性的叛乱行为，因而也就没有受到任何实质性的处罚。

耶律察割告发父亲耶律安端意图谋反一事，并非大义灭亲的忠君之举，而是有着不可告人的秘密。耶律察割一向外表恭顺、内心狡诈。早在他的伯父、太祖耶律阿保机在位时，一次耶律安端让他去耶律阿保机的宫帐代父奏事，待耶律察割奏事完毕、退出宫帐后，耶律阿保机对左右近侍说："据朕刚刚观察，察割眼神游移、面有反相，是个凶残顽劣的家伙，绝非表面上表现得那样懦弱！朕如果一个人就寝时，一定不要让他进门。"947年，太宗耶律尧骨病逝于契丹大军从中原北返途中，众将拥立耶律兀欲即帝位，耶律安端本来持观望态度，善于投机的耶律察割连忙怂恿父亲支持耶律兀欲。后来耶律兀欲与祖母述律太后达成"横渡之约"，正式即位，耶律察割因拥立之功，受封泰宁王。

耶律察割因告发父亲而深受世宗耶律兀欲信任，世宗屡屡封赏于他，他借机将自己的帐幕靠近世宗的宫帐。促成"横渡之约"的首功之臣耶律屋质察觉到异样，便向世宗耶律兀欲进言道："察割连自己的父亲都能出卖，如此不孝之人，怎会忠心于您？此人阴险奸诈，对此太祖都曾有过评价，您不可不防。"耶律兀欲不听，反驳道："察割舍弃自己的父亲来辅佐我，是何等的忠心啊，不会有什么事情。"此后耶律屋质屡屡秘密上书控诉耶律察割，世宗耶律兀欲非但不听，甚至将耶律屋质的上书拿给耶律察割看。耶律察割看到这些控诉之后，表现得更加忠诚和懦弱，时常假装憨厚，甚至将自己家里的一些小事讲给世宗听，使得世宗认为他对自己开诚布公、无所隐瞒。

951年，中原王朝政局发生动荡，后汉枢密使郭威发动兵变，自立为帝，建立后周。随后，原后汉河东节度使刘崇在晋阳（今山西省太原市）自立为帝，建立北汉，与后周对峙。刘崇主动依附于契丹帝国，自称"侄皇帝"，请求世宗耶律兀欲出兵救援。世宗耶律兀欲御驾亲征，率军南下，援助北汉，母亲萧氏、两位皇后等一众家人随行。契丹宗室贵族、各部将领由于连年征战，人马疲惫，不愿南征，但世宗执意要求他们按期南下，因而导致军中怨言四起。951年农历九月初，世宗耶律兀欲率领本部人马到达归化州（位于今河北省张家口市宣化区一带）境内祥古山一带，在火神淀宿营。农历九月四日，世宗耶律兀欲举行祭祀，遥祭父亲耶律突欲，当晚举行宴会，款待群臣和按期赶来会师的宗室诸王、各部酋长、诸军将领。世宗醉酒后被左右扶进内帐酣睡。耶律察割见时机成熟，利用军中怨言，鼓动耶律盆都等人即刻发动兵变。耶律察割率众闯入皇帝内帐，乱刀杀死了世宗耶律兀欲和陪侍一旁的甄皇后，随即又将耶律兀欲的母亲萧氏斩杀。耶律察割弑君篡权，史称"火神淀之乱"。

世宗耶律兀欲遇害后，耶律察割一党大肆追杀、拘捕宗室贵族和朝廷重臣，同时加紧洗劫世宗官帐中的珍宝。叛乱爆发后，耶律屋质连忙脱下象征身份的紫袍，混在人群中逃出生天。世宗耶律兀欲的另一位皇后萧撒葛只因居住在别帐，本来得以幸免，但她得知叛乱消息后，不顾自身安危，乘皇后步辇去找耶律察割，严词要求为太后、世宗和甄皇后收尸，被耶律察割扣押为人质。在发动叛乱的当天夜里，耶律察割就急忙查验世宗官帐中的珍宝，见到一个玛瑙碗，便爱不释手，并向妻子炫耀："此乃稀世之宝，如今为我所有！"妻子提醒道："耶律屋质还没有抓到，他若召集军队来攻打，我们所有人都没有活路，你摆弄这东西有什么用！"耶律察割不听，反驳道："耶律屋质不过统领几个奴仆，成不了事，说不定明天就会来朝觐我，实在不值得忧虑！"

耶律屋质逃走后，连夜找到太宗耶律尧骨的长子、寿安王耶律述律（汉语名耶律璟），劝说耶律述律带头平定叛乱。耶律述律嗜睡，本无心政治，耶律察割发动叛乱前就曾找过耶律述律，游说他参与谋反，但被耶律述律拒绝。耶律述律一觉醒来，耶律察割已然弑杀世宗。当耶律屋质提出请他带头平叛时，耶律述律一口拒绝，耶律屋质拉着他的衣襟哀求道："大王是太宗长子，察割如果自立为帝，必不容大王，大王如若此时不自救，日后必被察割所杀！"耶律述律这才同意带头平叛。耶律屋质本就是右皮室军详稳（"皮室军"是契丹帝国君主的心腹部队，"详稳"是契丹语"诸官府监治长官"之意），掌握着契丹帝国的精锐部队，火神淀之乱爆发后的第二天清早，他急忙收拢皮室军，在乱军中侥幸逃脱的大臣们也陆续聚拢到耶律述律、耶律屋质身边。耶律述律、耶律屋质率领大军赶到世宗官帐周围，包围了耶律察割的叛军。因耶律察割扣押了世宗皇后萧撒葛只、太宗次子耶律罨撒葛等一帮宗室贵族、朝廷重臣及其眷属，耶律屋质等人不敢贸然发动进攻。

耶律察割见自己陷入包围，手执弓箭威胁要将人质全部杀死，随即当场杀死了世宗皇后萧撒葛只。正当双方相持不下、耶律察割将要大开杀戒之时，人质中有一位林牙（契丹语官职名称，掌理文翰之官，大致相当于"翰林"）耶律敌猎连忙向耶律察割进言道："大王您兵少，硬拼恐怕吃亏，如今之计，大王可以遣使对寿安王（即耶律述律）说，您弑君完全是为了拥

契丹大字符牌

立寿安王为帝，这样不仅会被赦免，而且还有拥立之功。"耶律察割慌乱之中竟采纳了耶律敌猎的计策。耶律敌猎又说："如果大王信任我，我愿为大王出使，去见寿安王，为表诚意，还请大王允许我带寿安王的弟弟罨撒葛同去。"耶律察割深信不疑，竟放了耶律敌猎和耶律罨撒葛二人。耶律敌猎带着耶律罨撒葛见到耶律述律、耶律屋质等人后，建议耶律述律将计就计，诱骗耶律察割前来领赏，趁机将其斩杀。耶律述律、耶律屋质等人依计而行，耶律察割果然中计，大摇大摆地来到耶律述律帐中领赏。耶律察割刚一进账，迎面撞见世宗同母弟耶律娄国，未等耶律察割反应过来，耶律娄国一刀将其刺死，左右侍卫一拥而上，乱刀将其碎尸。

耶律察割一死，叛军群龙无首，很快投降，耶律察割诸子、部将和参与叛乱的同党均被诛杀。火神淀之乱平定后，耶律屋质等人拥立耶律述律即帝位，史称"辽穆宗"。

第五节
睡王治国：倒行逆施带来意外收获

951年，火神淀之乱平定后，太宗耶律尧骨长子耶律述律被拥立为契丹帝国的第四任皇帝，群臣上尊号为"天顺皇帝"，史称"辽穆宗"。穆宗耶律述律极为嗜睡，他在位19年间，多半时间处于睡梦之中，因此又得绰号"睡王"。然而正是这位"睡王"倒行逆施的治国方式，很大程度上削弱了契丹传统军事贵族阶层对皇权的潜在威胁，给契丹帝国带来了中央集权的意外收获。

耶律述律是太宗耶律尧骨的长子，母亲萧温出自契丹帝国后族述律氏（萧氏）家族，是应天太后述律月里朵的外孙女。述律月里朵为太祖耶律阿保机生有三个儿子耶律突欲、耶律尧骨、耶律李胡和一个女儿耶律质古。耶律质古嫁给母亲述律月里朵的弟弟、自己的舅舅述律室鲁（萧室鲁），仅生有一女萧温。述律月里朵将外孙女萧温嫁给自己的次子、时任"天下兵马大元帅"的耶律尧骨。927年，耶律尧骨即帝位，册封萧温为皇后（可敦）。萧温为太宗耶律尧骨生下二子一女，分别是长女耶律吕不古、长子耶律述律、次子耶律罨撒葛。935年农历正月，萧温在春捺钵期间病逝于行在，太宗耶律尧骨悲痛至极，亲笔撰写哀册，加谥号为"彰德皇后"。1052年兴宗耶律只骨在位时，改谥"靖安皇后"。

太宗耶律尧骨共有五子二女，分别是长子耶律述律、次子耶律罨撒葛、三子耶律天德、四子耶律敌烈、五子耶律必摄和长女耶律吕不古、次女耶律嘲瑰，除皇后萧温所生二子一女之外，其余三子一女为宫人萧氏所生。耶律述律生于931年，939年受封为寿安王。耶律述律童年正值父亲在位、母亲受宠的时期，不知何故染上了嗜睡的习惯，可能由于长时间处于睡梦中，这位皇子的早年经历在史籍中几乎没有什么记载。作为太宗耶律尧骨的长子，在契丹帝国这一时期诸如南下中原、横渡之约等重大历史事件中，均找不到耶律述律的身影。

耶律述律20岁时，即951年，火神淀之乱爆发，这位皇子才被推到了历史舞台。原本耶律察割在发动叛乱前就已去见过耶律述律，怂恿他参与叛乱，被耶律述律拒绝。之后，耶律察割既不想办法自保以免被灭口，也不去向堂兄世宗耶律兀欲告发耶律察割等人，而是若无其事地去睡觉了。可能出于对耶律述律嗜睡的了解，耶律察割遭到拒绝后，竟也不惧怕耶律述律告发他，没有想过杀耶律述律灭口，而是按照原计划发动叛乱。待耶律察割被杀、叛乱平定之后，耶律述律糊里糊涂地登上了帝位，成为契丹帝国的第四任皇帝。

耶律述律登上帝位后，依旧面临着契丹传统军事贵族对皇权的威胁与挑战。耶律述律在位19年期间，宗室贵族甚至太祖系三支（即太祖的三位嫡子耶律突欲、耶律尧骨、耶律李胡三支子孙）不断有人发动叛乱。耶律述律因长年处于睡梦中，喜怒不定，对叛乱者的处置也随心所欲，有时表现得宽仁大度，多数时间则极为残忍暴戾。但耶律述律近乎倒行逆施的高压政策，却意外地在很大程度上削弱了传统军事贵族阶层的势力。

在穆宗耶律述律即位后的第二年，即952年，太祖长子耶律突欲一支中的世宗同母弟耶律娄国率先跳出来，联合国舅萧眉古得、火神淀之乱中设计捕杀耶律察割的林牙耶律敌猎，以及宗室耶律神都、耶律海里等人发动叛乱。叛乱平定后，穆宗耶律述律诛杀耶律娄国和萧眉古得等人，并命人特意挑选一处"绝后之地"来埋葬耶律娄国。林牙耶律敌猎因曾帮助穆宗平定火神淀之乱有功，被穆宗赦免。在穆宗朝，世宗甄皇后所生的独子耶律只没也遭受了酷刑，但不是因为谋反，而仅仅是因其与穆宗后宫中的一位宫女私通。火神淀之乱爆发、耶律只没父母遇害时，他还仅仅是襁褓中的婴儿，火神淀之乱平定后，穆宗耶律述律将他收养在身边。耶律只没聪明好学，通晓契丹文和汉文，能用汉文作诗，也正因此，耶律只没养成了风流的性格。长大后，年轻的耶律只没与叔父耶律述律后宫中的一位宫女私通，被耶律述律逮到。耶律述律暴怒，命人捶打耶律只没数百下，并刺瞎了他的一只眼睛。耶律述律如此还不解恨，竟将耶律只没处以宫刑。事后，余怒未消的穆宗耶律述律将耶律只没下狱，准备将他枭首弃市。不过，几天后穆宗耶律述律竟忘记了这件事，耶律只没一直被关押在狱中无人问津，直到他同父异母的哥哥耶律明扆即位后，耶律只没才被释放出狱，先前与他私通的那位宫女，也被耶律明扆赐给耶律只没。

耶律娄国等人谋反的第二年，即953年，太祖三子耶律李胡一支中又有人跳出来发动叛乱。耶律李胡的次子耶律宛联合上一年谋反被赦免的林牙耶律敌猎和宗室耶律华割、耶律嵇干等人谋反。叛乱平定后，耶律华割、耶律嵇干等从犯被处决，林牙耶律敌猎也因再次谋反被判以凌迟处死，耶律宛反而被穆宗耶律述律赦免。960年，耶律李胡的长子耶律喜隐策动谋反，被捕入狱。穆宗耶律述律亲自到狱中审问，得到的供词中牵涉耶律李胡。耶律李胡因而获罪入狱，不久之后死于狱中。但穆宗耶律述律没有治主谋耶律喜隐的罪，甚至在第二年，即961年，将耶律喜隐释放出狱。不久之后，耶律喜隐再次策动叛乱，再度被捕入狱，直到969年景宗耶律明扆即位后，才获释出狱。

穆宗耶律述律的伯父耶律突欲一支、叔叔耶律李胡一支均有人谋反，就连穆宗自己这一支的亲兄弟，也曾策划谋反。953年，几乎与耶律李胡的次子耶律宛谋反同一时间，穆宗耶律述律唯一的同母弟、太平王耶律罨撒葛谋划叛乱，但还未及动手，就在占卜吉凶时被告发。穆宗耶律述律极为震怒，但念及手足之情，仅将他幽禁了三个月，之后将他贬到西北边关去戍边。直到969年景宗耶律明扆即位后，耶律罨撒葛才回到上京。回京三年后，即972年，耶律罨撒葛病逝。穆宗耶律述律的异母弟、太宗耶律尧骨第四子耶律敌烈于959年步二哥耶律罨撒葛后尘，与耶律海思、萧达干等人策划谋反，同样未及动手就被告发，穆宗耶律述律同样念及手足之情，放过了四弟耶律敌烈。

穆宗耶律述律在位19年间，除了太祖系三支，其他宗室贵族、朝廷重臣也屡屡有人谋反，但均以失败告终。在穆宗耶律述律喜怒不定的高压统治下，契丹贵族中不少实权人物被杀，这从客观上削弱了传统军事贵族阶层的势力。

在国家日常行政管理方面，穆宗耶律述律几乎撒手不管，任命拥立他即位的首功之臣耶律屋质为北院大王、任命宗室耶律挞烈为南院大王，将朝政几乎完全交由二人处理。除了几次下诏减免赋税，穆宗耶律述律几乎不问政事，专心睡觉。在北院大王耶律屋质、南院大王耶律挞烈的主持下，契丹帝国国内各地发展生产、奖励耕牧，虽然上京城内时有宗室叛乱，但几乎未波及地方州县，各地百姓能够安居乐业。耶律屋质、耶律挞烈二人因而被百姓们称颂为"富民大王"。除了内政方面的作为，耶律屋质、耶律挞烈也能够统兵征战。"五代十国"中的北汉位于今山西省中部和北部，与契丹接壤。

为防止被中原地区其他政权吞并，北汉依附于契丹。后周、北宋多次攻打北汉，耶律屋质、耶律挞烈分别多次率军援助北汉，击退后周、北宋军队。耶律挞烈每次统率军队时，赏罚分明，深得军心。耶律屋质更是因在穆宗朝末期、景宗朝前期解北汉都城晋阳（今山西省太原市）之围，而被封为"于越"（契丹官职，中国史籍中将其释义为"总知军国事"）。

穆宗耶律述律在位期间，基本能够做到任用贤才、礼敬臣下。959年，契丹帝国的开国功臣韩延徽病逝，穆宗耶律述律极为悲恸，亲自吊唁，为其加谥"崇文令公"，将他厚葬于幽州故乡，并在他的墓地外修筑墙郭，以免他的墓地遭受战火侵扰。

可能是由于长年处于睡梦之中，随着年龄的增长，穆宗耶律述律的脾气秉性越来越令人难以琢磨。穆宗耶律述律对近侍常常随心所欲地滥赏滥罚，甚至滥杀无辜。耶律述律高兴时，会将自己用的金器、玉器随意赏赐给侍从，甚至无缘无故将侍从提拔为朝廷重臣。但耶律述律不高兴时，也会无故打骂甚至残害侍从。如耶律述律在一次用膳时，前一秒还兴致勃勃地观看歌舞，后一秒就因一名侍从为他更换汤箸时动作稍有迟缓，而用割肉的小刀亲手将这名侍从刺死。964年，穆宗耶律述律的近侍喜哥回家探望生病的妻子，耶律述律不记得喜哥是否向自己请过假，于是突然发怒，命人到喜哥家中杀死他的妻子。除了睡觉，穆宗耶律述律还喜爱饮酒和打猎。一次打猎时，耶律述律突然命人清点猎场中所养的鹿的数目，清点过后，耶律述律一口咬定数目比之前少了，于是将七名负责养鹿的仆人斩首，并命人垒起一座土堆，将他们的首级排列在土堆之上示众。耶律述律清醒时了解到自己的种种暴行，也常有悔意，于是经常对大臣和近侍们说："朕在睡梦中时，处事或有不当之处，你们不要曲意顺从，一定要等我醒来后，重新向我奏明。"可是大臣和近侍们谁都不知道这位皇帝究竟何时真正处于清醒状态。

耶律述律生前最后一次打猎时，收获颇丰，于是大摆筵宴，与众臣通宵达旦欢饮。耶律述律醉酒后便在内帐睡去，一众近侍见皇帝熟睡，误以为他会像以往一样要睡很久，于是便懈怠下来，纷纷出帐闲坐。令人意料不到的是，耶律述律刚睡下就翻身坐起，高喊："朕饿了，快给朕生火做饭！"耶律述律一连喊了几次，才见到近侍们慌慌忙忙地跑进内帐，于是非常生气地指着他们威胁道："你们等着，朕要将你们都杀光！"说罢，又转身躺下睡着了。见此情景，近侍们面面相觑，不知谁又会成为这位皇帝的刀下冤魂。于是，厨师辛古、近侍花哥等六人商议先下手为强，找来厨刀等利刃，七手八脚地将睡梦中的耶律述律杀死。这一事件史称"黑山之变"。

糊里糊涂登上帝位、糊里糊涂执掌契丹帝国国政19年的穆宗耶律述律就这样糊里糊涂地丧命，时年39岁。穆宗耶律述律在位期间，契丹贵族中不少实权人物因谋反被杀，传统军事贵族阶层势力受到了极大削弱，意外地加强了中央集权。同时，穆宗耶律述律在位期间，中原王朝正值改朝换代之际，无暇北顾契丹，契丹帝国借此时机，大力发展经济，尽量消弭两次帝位争夺战和宗室贵族叛乱给国家带来的创伤。穆宗耶律述律遇弑后不久，中原地区新兴的宋朝与契丹帝国的战争也开始了，幸好此时领导契丹人的皇帝不是整天昏睡的穆宗耶律述律，才使得契丹帝国能够在对宋战争中大获全胜。有鉴于此，《辽史》中对穆宗耶律述律遇弑一事，仅有四字评价："死其宜哉。"

太祖耶律阿保机驾崩后，经历了太宗、世宗、穆宗三朝的动荡，以及两次帝位争夺战和无数次宗室贵族叛乱的洗礼，契丹帝国的皇权逐渐巩固，传统军事贵族阶层对皇权的威胁、对契丹帝国政局的影响逐渐减弱。契丹帝国也正是在徘徊中前进，逐步走向鼎盛。

契丹文

第四章 ～

逐鹿中原：
辽宋和战与契丹帝国走向鼎盛

契丹帝国在徘徊中成长、在动荡中成熟之时，南面的中原王朝也发生着巨变。唐末以来五代十国的混乱局面结束，宋朝建立。围绕着燕云十六州的争夺，契丹帝国与宋朝之间展开了长达数十年的战争。正是在对宋朝的战争洗礼中，契丹帝国不断发展壮大，逐步走向鼎盛。

第一节
初战幽州：从白马岭之战到高梁河之战

969年，黑山之变爆发，穆宗耶律述律遇弑。耶律述律无子，世宗耶律兀欲次子耶律明扆（汉语名耶律贤）受群臣拥立即位，史称"辽景宗"。

世宗耶律兀欲原有三子，分别是长子耶律吼阿不、次子耶律明扆、第三子耶律只没。其中长子耶律吼阿不早夭，951年火神淀之乱中世宗遇弑时，仅余下不满四岁的次子耶律明扆和尚在襁褓中的第三子耶律只没。火神淀之乱爆发时，耶律明扆兄弟被一名女仆藏在柴堆之中，才得以幸免于难。穆宗耶律述律在位期间，经常有宗室贵族因谋反作乱而被杀。耶律只没也因与宫女私通，被处以宫刑。唯独耶律明扆谨言慎行，从不参与朝政，因而躲过朝廷纷争。由于穆宗耶律述律没有子嗣，世宗的一些旧部也逐渐聚拢到耶律明扆周围，希望有朝一日能拥立耶律明扆。穆宗耶律述律遇弑前一段时间，看到长大成人的耶律明扆，还曾欣慰地说："侄儿如今已经长大，朕可以将一些朝政交付于你了。"

969年农历二月二十二日，黑山之变爆发，穆宗遇弑，得知消息的耶律明扆与飞龙使女里、侍中萧思温、南院枢密使高勋一道带领1000名骑兵迅速赶到黑山，当月就在穆宗的灵柩前即帝位，群臣上尊号"天赞皇帝"，改元保宁，史称"辽景宗"。此后，契丹帝国的帝位一直在太祖长子耶律突欲一支中传承。景宗耶律明扆即位后，任用贤能、整肃朝纲，大力发展生产，契丹帝国的国力逐渐从无数次的内乱中恢复过来。

穆宗、景宗两朝新旧交替之时，契丹帝国南面的邻居中原王朝也发生着翻天覆地的变化。960年，后周殿前都点检赵匡胤发动陈桥兵变，篡位自立，建立宋朝，史称"北宋"。宋太祖赵匡胤在统一中原、江南的过程中，为避免与契丹帝国发生正面冲突，采取了"先南后北、先易后难"的战略方针，首先对南方的南唐、后蜀、南汉等割据政权发动进攻，将北方与契丹帝国接壤、受契丹帝国保护的北汉留作最后消灭的目标。对于长城以南的燕云十六州被契丹帝国占据一事，宋太祖赵匡胤一直如芒刺在背。在后周时期，赵匡胤就曾跟随周世宗柴荣对契丹帝国多次用兵，企图夺取燕云十六州。后周虽然始终没有达成夺取燕云十六州的既定目标，但却从契丹帝国手中夺取了瓦桥关（位于今河北省雄县西南郊）以南的一片地区，契丹帝国将这一地区称为"关南十县"。后来，关南十县成为契丹帝国与北宋边境冲突的一个焦点问题。北宋建立后，赵匡胤忙于南征，与北面的契丹帝国友好交往，筹划向契丹帝国"赎买"燕云十六州。为此，宋太祖赵匡胤还专门设立了"封桩库"，将消灭南方各个割据政权所得的财物储藏在其中，并且将每年财政收支的盈余有计划地存入，以备"赎买"燕云十六州之用。随着宋太祖离世、辽宋双方进入战争状态，这一"赎买"计划最终无疾而终。

976年，宋太祖赵匡胤离奇去世，其弟赵光义即位，史称"宋太宗"。相传宋太祖赵匡胤去世当晚，曾与弟弟赵光义二人在自己寝殿饮酒，二人屏退左右，似乎有机密之事相商。席间，远远守在殿外的宦官和宫女看见殿中烛影摇晃，听到殿中传来斧钺戳地击物的声音，片刻之后又听到殿中传来宋太祖赵匡胤高喊"好做、好做"（一些史籍记载为"好为之"）的声音。当夜，宋太祖赵匡胤离奇去世，留下"烛影斧声"千古谜案。由此，北宋朝野普遍流行宋太宗赵光义弑兄篡位的传闻。背负着这一传闻，宋太宗赵光义亟需通过重大功勋来证明自己是合格的帝王，于是，灭亡北边的北汉政权、收复燕云十六州，成了宋太宗建功立业的目标。正基于此，契丹帝国与中原王朝宋朝之间的战争不可避免地爆发了。

979年农历二月，刚即位两年多的宋太宗赵光义御驾亲征，率军北伐，首先进攻的目标就是五代十国的最后一个政权——北汉。北汉建立于951年，位于今山西省中部、北部地区，都城晋阳，是"十国"中唯一一个位于中国北方的政权。为了与后周、北宋等中原王朝抗衡，北汉主动向契丹称臣，在建国同年的农历四月，北汉开国皇帝刘崇就上书契丹，自称"侄皇帝致书于叔天授皇帝"，请求契丹对北汉皇帝予以册封。于是，契丹正式册封刘崇为"大汉神武皇帝"，标志着北汉作为藩属国依附于契丹帝国。北宋建立后，逐一消灭了"十国"中割据南方的政权，早在宋太宗的哥哥宋太祖赵匡胤在位时，宋朝就曾四次试探性地出兵攻打北汉，均被契丹援军击退。宋太祖赵匡胤为避免与契丹帝国交恶，迟迟未倾全力北伐，北汉政权因此得以暂时存续。

979年，接到宋军倾全国主力再次来袭的消息，北汉当时在位的皇帝刘继元急忙遣使向宗主国契丹帝国求援。景宗耶律明扆任命南府宰相耶律沙为统帅、冀王耶律敌烈（太宗耶律尧骨第四子）为监军，率领2万骑兵增援北汉。契丹军日夜兼程，先锋部队抵达白马岭（今山西省盂县东北）时，正与北上阻击契丹的宋军隔涧对峙。契丹军主帅耶律沙主张等后续部队抵达之后再与宋军交战，耶律敌烈则认为应趁宋军扎营未稳，迅速出击。耶律沙与耶律敌烈争执不下，契丹军中诸将也各执己见。鲁莽的耶律敌烈擅自率领本部人马抢先渡涧，进攻宋军郭进所部。宋军趁契丹军半渡之际，发起进攻。契丹兵士和战马均浸泡在水中，骑兵优势发挥不出来，被宋军打得大败。契丹伤亡万余人，耶律敌烈及其子耶律哇哥、耶律沙之子耶律德里、突吕不部节度使都敏、黄皮室详稳唐筈共五员主将阵亡。主帅耶律沙连忙收拢残部，抵挡宋军追兵，恰好此时南院大王耶律斜轸率军前来增援，击退了宋军追兵，会同耶律沙所部徐徐退却，撤回契丹国内。此次战役史称"白马岭之战"，是契丹帝国与宋朝战争中契丹一方为数不多的败仗之一。契丹援军败走之后，数十万宋军全力攻打北汉都城晋阳，北汉粮尽援绝，被迫投降。至此，五代十国中最后一个政权覆灭，宋朝基本统一了中原、江南地区。

白马岭之战助长了宋太宗的轻敌之心。北汉灭亡之后，宋朝与契丹帝国之间再没有缓冲地带，双方直接对峙。被胜利冲昏头脑的宋太宗既不休整部队，也不封赏将士，而是决定挟灭北汉之余威挥师北上，直接进攻契丹帝国，想要一举夺回燕云十六州。979年夏天，数十万宋军翻越太行山，气势汹汹挺进华北平原。契丹的两名汉族官员易州刺史刘宇、涿州通判刘厚德投降宋军，宋军兵不血刃占领两州，愈发骄矜。

同年农历六月二十三日，由宋太宗亲自统率的宋军抵达契丹帝国的南京幽州城南，驻跸宝光寺。当日，宋太宗指挥各路宋军对幽州城展开围攻。宋太宗亲临前线指挥作战，分兵四路攻城：宋军定国军节度使宋偓与尚食使侯昭愿领兵万余人攻城东南面，河阳节度使崔彦进与内供奉官江守钧率兵万余人攻西北面，彰信军节度使刘遇率所部人马攻东北面，定武军节度使孟玄喆率所部人马攻西南面。契丹帝国南京留守韩德让、南京马步军都指挥使耶律学古率领城中数千守军拼死抵抗，坚守待援，宋军不断变换战法，连续攻打20多天，仍未能攻克幽州城。

就在宋军攻打幽州之时，辽景宗耶律明扆调集契丹帝国五院军精锐约3万精骑，分别由南院大王耶律斜轸、惕隐（契丹官职名）耶律休哥率领，分两路驰援幽州。同年农历七月，契丹主力部队在幽州前线高粱河一带（今北京市西直门外）完成集结。恰逢北院大王耶律奚底所部因兵少而刚刚败退下来，耶律斜轸于是命令自己率领的主力部队换上耶律奚底所部的青色旗帜，以引诱宋军追击。宋军追击十余里，进入契丹大军的包围圈，耶律斜轸、耶律休哥等将领率军从两翼杀出，宋军大败。契丹各路军队趁势掩杀，幽州城中守军也趁机杀出，数十万宋军乱作一团，大败亏输。两军酣战之际，箭矢乱飞，宋太宗赵光义腿上中了两箭，狼狈逃离战场。契丹军主帅耶律休哥在战斗中身先士卒，因身负多处重伤不能骑马，却仍然不肯撤离战阵，坚持驾轻车指挥全军追击宋军。耶律休哥命令契丹兵士人人手持双火把，连夜追击，宋军不知契丹士兵多寡，争相逃命，相互践踏，死伤无数。宋太宗单骑带伤逃离战场，慌不择路，以致战马陷入泥潭。千钧一发之际，幸亏宋军中负责押运粮草的将领杨业父子赶到，从泥潭中救出宋太宗。宋太宗因箭伤无法骑马，杨业父子只好用驴车载着受伤的宋太宗南逃。契丹军一直追到涿州方才罢兵，缴获兵器、甲帐、钱粮无数。契丹帝国与宋朝之间的第一次大规模战役以宋军的惨败而告终，这场战役的主战场是幽州城外的高粱河一带，因而史称"高粱河之战"。

高粱河之战标志着契丹帝国与宋朝之间再无缓和余地，双方正式进入战争状态，此后双方边境连年战火不息。

高粱河之战结束后，979年农历九月，辽景宗耶律明扆为扩大战果，派遣南京留守韩德让的父亲、燕王韩匡嗣为主帅，进击辽宋边境上的宋军残部。契丹军与宋军在满城（今河北省保定市满城区北）遭遇，宋军监军李继隆、主帅崔翰等人不顾宋太宗事先颁发的"阵图"，根据战场形势，临时改变宋太宗事先安排好的布阵，将契丹军击败。在契丹帝国与宋朝的战争史上，满城之战与白马岭之战一样，是宋军少有的胜仗。战后，宋军虽然取得胜利，宋太宗并未予以褒奖，反而下旨申斥监军李继隆、主帅崔翰等人违抗君命、擅自变阵之过。

为报复宋朝，在高梁河之战的第二年，即980年，辽景宗耶律明扆御驾亲征，契丹大军于这一年农历十月底包围易水河畔的宋朝边防重镇瓦桥关。宋太宗赵光义虽然宣称御驾亲征，但由于上次战败负伤而心有余悸，故而行军缓慢，迟迟不赶赴前线。农历十一月初，宋朝瓦桥关守军会同镇州、定州等地赶来的援军一起与契丹军接战，契丹三战三捷，宋军被杀得尸横遍野，仅溺死易水中的士卒就不可胜数。契丹军乘胜追击宋军到莫州，并在边境大肆劫掠。农历十一月中旬，景宗耶律明扆班师回朝。宋军残部见契丹军退去，便讳败为胜，向磨磨蹭蹭"驰援"前线的宋太宗赵光义报捷，谎称"大破契丹万余众，斩首三千余级，契丹皆遁去"。宋太宗顺势下台阶，甚至还即兴作诗表达未亲临战阵杀敌的遗憾："一箭未施戎马遁，六军空恨阵云高。"诗罢，宋太宗甚至假惺惺地表示要乘胜追击、一举夺取燕云十六州，经群臣"苦劝"方才同意班师。

宋太宗赵光义

第二节
孤儿寡母：景宗驾崩与承天太后摄政

983年，从小体弱多病的景宗耶律明扆在游猎途中病逝，其年仅12岁的长子耶律文殊奴（汉语名耶律隆绪）即位，群臣上尊号"天辅皇帝"，改元乾亨，史称"辽圣宗"。因圣宗耶律文殊奴年幼，其母承天太后萧绰奉遗诏摄政。

承天太后萧绰（小字燕燕）出身后族，父亲是北府宰相萧思温，母亲是太宗耶律尧骨长女、燕国大长公主耶律吕不古。耶律吕不古与两个弟弟穆宗耶律述律、耶律罨撒葛均为太宗耶律尧骨的皇后萧温所生，她是契丹帝国第一位正式获得公主封号的皇女。耶律吕不古成年后下嫁北府宰相萧思温，为萧思温生有三个女儿，分别为长女萧胡辇、次女萧氏、第三女萧绰。三个女儿年幼时，萧思温就非常重视对她们的教育、注意考验她们。一次，萧思温命三个女儿打扫帐幕，大女儿和二女儿匆匆打扫了事，只有三女儿萧绰认真打扫，将帐幕收拾得井井有条。萧思温对左右近侍夸赞道："此女必成大事！"萧思温的三个女儿长大后，分别嫁入太祖系三支（即太祖的三位嫡子耶律突欲、耶律尧骨、耶律李胡三支子孙）。长女萧胡辇嫁给穆宗耶律述律的同母弟耶律罨撒葛，次女萧氏嫁给耶律李胡的长子耶律喜隐，三女萧绰嫁给景宗耶律明扆。

萧绰生于953年，她聪明伶俐，从小就能帮助父亲萧思温操持家务。969年，即景宗耶律明扆即位的当年，为表彰萧思温拥立之功，景宗耶律明扆于同年农历三月二十九日晋封萧思温为北院枢密使，并将萧思温家中待嫁的三女萧绰选入后宫，最初册封为贵妃，后于同年农历五月初二册立她为皇后。萧绰被册立为皇后之后，萧思温权势日盛，引起朝中重臣妒忌。970年农历五月十三日，在景宗耶律明扆率百官前往闾山行猎的途中，随行的萧思温遇刺身亡。同年农历九月，出身后族的萧海只、萧海里被查出为萧思温遇刺案的主谋，二人被处死。八年之后，即978年，与萧思温一同拥立景宗即位的高勋、女里二人也被查出曾参与萧思温遇刺案，二人均被景宗赐死。

景宗耶律明扆因火神淀之乱时几经辗转逃出生天，受到惊吓，从小体弱多病，即位后无法长时间临朝理政，因此朝政多由皇后萧绰代劳。976年农历二月初五，景宗正式下诏，明确规定皇后萧绰可以在诏令中自称"朕"或"予"。景宗朝末期，每遇重大事务，几乎均由皇后萧绰主持朝会。萧绰与众臣商议之后向景宗汇报朝会决议，景宗一般不做任何干预，全权听凭萧绰处理。萧绰还多次代景宗视察辽宋战争前线，甚至代景宗御驾亲征，主持对宋战争。

982年农历九月二十四日，景宗耶律明扆在云州游猎途中驾崩，时年35岁。景宗耶律明扆共有四子四女，其中长子耶律文殊奴、次子耶律普贤奴、三子耶律高七以及长女耶律观音奴、次女耶律长寿奴、三女耶律延寿奴6人为皇后萧绰所生；四子耶律药师奴可能也是皇后萧绰所生，史籍中无确切记载；四女耶律淑哥为出身原渤海国故地的一位妃子（无正式封号，史籍中称为"渤海妃"）所生，可能由于皇后萧绰不喜欢渤海妃的缘故，耶律淑哥未获得过正式的公主封号。景宗临终前留有遗诏，传位给年仅12岁的长子耶律文殊奴，由其母萧绰摄政，并任命南院大王耶律斜轸、南京留守韩德让为顾命大臣。982年农历九月二十五日，即景宗驾崩后的第二天，耶律文殊奴在父亲灵柩前即位，史称"辽圣宗"，其母萧绰被尊为皇太后，群臣上尊号"承天皇太后"。

与以往契丹帝国帝位更迭时出现的问题一样，承天太后萧绰与耶律文殊奴母子首先面临的问题同样是宗室贵族对皇位的威胁。为了巩固皇位，承天太后萧绰下诏，严禁宗室贵族私会，特别是近支宗室，须回到各自府中，没有传召不得入宫、不得相互走动。同时，承天太后萧绰还"邀请"在京宗室诸王的家眷入宫陪侍，实质上将她们作为人质，约束宗室诸王。不久之后，承天太后萧绰让儿子耶律文殊奴按照契丹习俗与顾命大臣之一、南院大王耶律斜轸交换弓箭、马鞍，相互约为"安答"。

对于另一位顾命大臣韩德让，承天太后萧绰命他"总理宿卫事"，掌管宫卫禁军。承天太后萧绰还对韩德让说："吾常许嫁子，愿谐旧好，则幼主当国，亦汝子也。"并赐韩德让国姓"耶律"，赐名"耶律隆运"，隶属契丹帝国皇族"一帐三房"中的季父房，特许韩德让入朝不拜、上殿不趋。韩德让觐见圣宗耶律文殊奴时，二人行抱见礼。韩德让与契丹帝国皇帝、皇后、太后一样，可以设立自己的"斡耳朵"（契丹语"宫帐"之意）。一次，承天太后萧绰观看马球比赛，韩德让登场时不幸被一名贵族胡里室误撞坠马，承天太后萧绰当即命人将胡里室斩首，群臣无一人敢上前求情。在一些史籍特别是宋人的记载中，称承天太后萧绰曾改嫁韩德让，并且这在当时契丹的风俗中是被普遍接受的。

除了契丹帝国内部宗室贵族对皇位的觊觎和对皇权的挑战，承天太后萧绰与圣宗耶律文殊奴母子面临的另一重大威胁，就是南面宋朝的军事进攻。自979年高梁河之战开始，契丹帝国与宋朝就进入了战争状态，边境冲

承天太后萧绰像

突不断，时有较大规模的战役爆发，双方互有胜负。总体上看，在景宗朝，契丹帝国胜多负少，能够保持对宋朝的军事优势。圣宗耶律文殊奴即位之初，国内局势尚未稳定，契丹帝国亟需安定的外部环境，因而对南面的宋朝采取守势。承天太后萧绰任命高梁河之战中契丹军的统帅、北院大王耶律休哥为南京留守，总管南面军务。早在979年，耶律休哥就因对宋战功，被景宗耶律明扆册封为"于越"。契丹帝国时期，"于越"是一种官职名称，位于百官之上。耶律休哥驻守契丹帝国的南京幽州城，训练士卒，加固边防工事，并劝课农桑，垦荒屯田，积聚粮草，以备不时之需。

得知契丹帝国帝位更迭的情况，宋太宗认为孤儿寡母控制不住朝政，契丹帝国必定"主少国疑"，可以夺取燕云十六州，于是发起了几次试探性进攻，均被契丹击退。宋军这些小规模、试探性的进攻，仅仅是契丹帝国与宋朝下一场大战的序曲而已。

第三节
统和战争：帝国称霸的决定性战争

986年，即圣宗耶律文殊奴即位四年后，契丹帝国南面的宋朝倾精兵良将20余万北伐，因发生在宋太宗雍熙年间，宋朝人称之为"雍熙北伐"。在契丹帝国的角度，这场战争爆发于辽圣宗统和年间，因此契丹人称之为"统和战争"。宋军来势汹汹，契丹帝国再一次面临严峻考验。这次战争的胜负将决定契丹帝国能否稳固立足。

982年，景宗耶律明扆病逝、圣宗耶律文殊奴年少即位、承天太后萧绰摄政的消息传到宋朝，宋太宗大喜过望，再次萌生北伐之意，以期一雪前耻、夺回燕云十六州。宋朝雄州知州贺令图联合其父、岳州刺史贺怀浦上书宋太宗，称契丹"主少国疑"、太后宠信韩德让、国人积怨已深等，力谏宋太宗出兵攻打契丹、夺取燕云十六州。宋太宗一面指示边将对契丹帝国发起小规模的试探性进攻，一面为发起总攻进行动员和军事准备。984年，宋朝的一名参知政事李至上疏，陈述燕云十六州并不能轻易夺取，劝谏宋太宗不可对契丹妄动刀兵。宋太宗非但不听，反而罢免了李至的机要职务。宋太宗这一举动向整个朝野乃至契丹帝国发出了明确信号。此后，宋朝内部几乎无人再提罢兵止战的建议，契丹帝国也明确知道了大战不可避免，积极准备迎战。

986年农历正月二十一日，宋太宗正式下诏，举全国精锐之师20余万，分东、中、西三路北伐。宋军东路军是全军主力，以天平军节度使曹彬为幽州道行营前军马步水陆都部署，河阳三城节度使崔彦进为副帅，以侍卫马军都指挥使、彰化军节度使米信为西北道都部署，沙州观察使杜彦圭为副帅，两军出雄州北上，直取幽州；宋军中路军以侍卫步军都指挥使、静难军节度使田重进为定州路都部署，西上阁门使袁继忠为都监，出飞狐北上，进攻定州等地；宋军西路军以检校太师、忠武军节度使潘美为云应寰朔等州都部署，云州观察使杨业为副帅，西上阁门使王侁为都监，出雁门北上，进攻云州、应州、寰州、朔州等地。三路大军最终会师于契丹帝国的南京幽州城下，与契丹主力部队决战，一举夺取幽州。为了保密，宋太宗甚至都没有召见宰相商议，而是直接下诏将诸军将领召集到汴京，面授北伐的具体作战计划。临行前，宋太宗嘱咐诸路大军"持重缓行，毋贪小利以要敌"，并向诸军将领颁发阵图，告诫诸将领务必按阵图指示作战。宋太宗的阵图中不仅标识了行军路线、主攻方向，而且将军队临战时如何布阵、驻扎时如何扎营等内容均事无巨细地标注出来，极大地束缚了前线将领的手脚，导致前线将领几乎无权随机应变，只能完全依照阵图作战。

宋军诸路军一开始进展顺利，连连攻克契丹帝国一些城镇。承天太后萧绰和辽圣宗耶律文殊奴采取集中优势兵力、各个击破的战术。收缩前线各军，主动放弃一些城池，以诱使宋军深入，围而歼之。承天太后萧绰和圣宗耶律文殊奴亲率精骑进抵驼罗口（今北京市南口附近）督战，并委任耶律休哥统筹指挥前线各军。契丹军队首先攻击的目标就是宋军的主力——曹彬率领的东路军。耶律休哥在宋朝东路军行军途中采取坚壁清野战术，并派遣小股骑兵捕杀落单的宋军兵士。东路军统帅曹彬不得不命令兵士沿行军路线两侧挖壕沟，防止宋军兵士落单，并阻挡契丹轻骑袭扰，这令宋军体能消耗极大。东路军有约10万将士，军粮消耗很快，耶律休哥遣精骑切断宋军粮道，使得东路军陷入进退两难的境地。宋朝此次北伐，东路军是主力部队，因此将星云集，在进退两难之际，曹彬召众将商议对策，大多数将领主张兵走险棋、奋力一搏，曹彬无法约束众将，于是带着仅剩的五日口粮，急行军奔袭涿州。耶律休哥将契丹大军布置在涿州附近，以逸待劳。宋军疲惫之师到达涿州立足未稳之际，契丹军发起总攻，曹彬连忙下令撤退，东路宋军全线崩溃，一哄而散。契丹骑兵一路追杀，宋军溃军连夜抢渡拒马河逃命，被杀者、掉入河中溺死者数万人，尸积拒马河中，使得河水为之断流。契丹军追至岐沟关方才罢兵，战后，耶律休哥遣士卒收集宋军阵亡将士尸体，封土筑成一座高冢，史称"京观"，宣示胜利。耶律休哥因骁勇善战，使得宋朝一方对他十分惧怕。宋朝边境一带百姓每遇家中有小孩儿啼哭，便恐吓道："于越至矣！"此"于越"即耶律休哥，小孩儿听后便会吓得立即止住哭声。

宋朝东路军覆灭后，耶律休哥、耶律斜轸率领骑兵转战中、西两路，迎击来犯宋军。宋太宗接到东路主力军全军覆没的消息后，匆忙命令中、西两路宋军火速撤退。接到撤退命令，田重进率领的中路军杀了一百多名契丹百姓冒领军功，丢弃辎重火速撤退，总算安全退回宋境。而宋军西路军则远没有中路军那般幸运。

撤退命令下达的同时，宋太宗赵光义命令潘美率领的西路军掩护已经夺取的云州、朔州、寰州、应州四州百姓内迁。如果遵照宋太宗圣旨行事，必定导致西路军撤军速度缓慢，极有可能面临被契丹军追击、歼灭的危险。正当西路军犹豫不决之时，契丹帝国承天太后萧绰亲率10万大军攻占了寰州。于是，副帅杨业提出了一个各州百姓递次撤退的折中方案，他对主帅潘美、监军王侁说："契丹士气正旺，我们千万不能和他们硬碰硬地交战。朝廷只是让我们护送四个州的百姓内迁，那么我们就率领大军从大路出发撤退，并事先派人密告云州、朔州的守将，等到我们大军离开代州的那天，命令云州的军民先出发。我的部队驻扎在应州，契丹人如果来攻，就下令让朔州百姓出城，直接进入石碣谷。我再派1000名弓箭手埋伏在谷口，并命骑兵在中路支援，那么云州、朔州、应州这三州的百姓，就能够万无一失地撤回内地了。"

杨业本是五代十国中北汉政权的将领，北汉被宋朝灭亡后，杨业归顺宋朝，官拜郑州刺史，授右领军卫大将军。正是由于出身北汉降将的缘故，杨业在宋军军中有时会遭受排挤。西路军将领们围绕掩护四州百姓内迁的问题展开争论，杨业提出折中方案，原本是想确保部分任务能够顺利完成，但监军王侁贪功，坚决不同意杨业的方案，主张全军出击，以掩护四州百姓全体后撤。王侁甚至故意敲打杨业道："将军素来号称'无敌'，如今面对敌人却迟疑不前，难道是有什么别的心思吗？"杨业听罢，为表明忠心，只好率领本部人马孤军殿后。临行前，杨业与潘美约定，由杨业将契丹军主力吸引到陈家谷，潘美事先在陈家谷中设伏，与杨业里应外合歼灭契丹军主力。

杨业依计而行，将耶律斜轸率领的契丹军主力引到陈家谷。然而，出乎杨业意料的是，杨业所部到达陈家谷时，并未见到宋军伏兵。原来，监军王侁登高观望战况，误以为契丹军败走，为了争功，率领大军离开陈家谷口，奔赴前线，主帅潘美无力阻拦。待证实契丹军并未败退的消息后，王侁、潘美立即带兵逃遁，全然不顾杨业所部的处境。杨业所部被耶律斜轸围困于陈家谷，终因寡不敌众而全军覆没，杨业之子杨延玉阵亡。杨业本人的坐骑被耶律奚底射中，杨业跌下战马，不幸被契丹军擒获。杨业被俘后，坚决不肯投降，绝食三日殉国。

　　杨业父子及所部将士殉国后，宋太宗赵光义十分悲恸，得知前线情况后，将西路军主帅潘美降职三级、监军王侁免职并流放到金州。为表彰忠烈，宋太宗为杨业的六个儿子加官晋爵：杨延昭担任崇仪副使，杨延浦、杨延训担任供奉官，杨延瑰、杨延贵、杨延彬担任殿直。作为对手的契丹帝国，也对杨业的忠烈节义深感敬佩，契丹人在密云古北口一带修建了一座"杨无敌庙"，以祭奉杨业。杨业之子杨延昭承继父业，戍守边疆，被时人及后世称为"杨六郎"。"杨六郎"一称有两重来历：杨延昭是杨业长子（亦有史籍中记载为杨业次子），但在堂兄弟中排行第六，故而称"六郎"；杨延昭威震边关，契丹人对他又敬又怕，契丹人认为北斗七星中的第六颗主镇北方，是契丹的克星，契丹人由此将杨延昭视为天上的六郎星宿（将星）下凡，故而称他为"六郎"。杨延昭之子杨文广毕生戍守西北边境，抵御党项人的进攻，病逝于任上。

　　杨业的事迹渐渐演变成《杨家将》的故事，以小说、戏曲、评书、影视作品等多种形式广为流传。在《杨家将》的故事中，编纂者在杨延昭和杨文广两代人之间又虚构出杨宗保、穆桂英一代人，表达了对忠臣良将的渴望。《杨家将》的故事中，"金沙滩双龙会"即取材于契丹帝国与宋朝之间的"高梁河之战"，"陈家谷李陵碑"即取材于宋太宗发起的"雍熙北伐"，这两场大战均以宋朝一方惨败而告终。这两场大战中，宋朝损失了无数精兵良将和军备辎重，致使数十万将士战死沙场。以《杨家将》为题材的京剧"四郎探母"中，杨业之妻、杨四郎母亲佘太君有一段经典唱词："一见娇儿泪满腮，点点珠泪洒下来。沙滩会一场败，只杀得杨家好不悲哀！儿大哥长枪来刺怀，儿二哥短剑下他命赴阴台，儿三哥马踏如泥块，我的儿你失落番邦一十五载未曾回来……"形象地反映出宋军败绩的惨状。

　　宋军之所以在高梁河之战、雍熙北伐这两场决定性战役中惨败，究其主要原因，与宋朝兵制有关。960年，后周殿前都点检赵匡胤被众将黄袍加身，建立宋朝。赵匡胤当上皇帝后，回想起唐朝末年藩镇割据、五代十国政权频繁更迭，多因武将手握重兵所致。因此，削弱武将兵权，就成了赵匡胤与新生的宋朝所面临的首要问题。960年末，宰相赵普向宋太祖赵匡胤提议，对于武将特别是位高权重的节度使，要"削夺其权，制其钱谷，收其精兵"。961年农历七月初九，晚朝之后，宋太祖赵匡胤将石守信等高级将领留在宫中宴饮，酒酣耳热之际，宋太祖赵匡胤突然收起笑容，长吁短叹。石守信等人忙问是何缘故，宋太祖赵匡胤答道："若不是靠你们鼎力支持，我是坐不上皇帝宝座的，为此，我内心一直念及你们的功德！然而，当皇帝实在太过艰难了，还不如做一名节度使快乐，我整夜无法安枕而卧啊！"石守信等人忙加以劝解，不料宋太祖赵匡胤更是深深叹了口气道："皇帝的宝座谁不想要呢！"听罢，众将连忙离席叩头道："陛下何出此言，天命已定，谁还敢有异心？"宋太祖赵匡胤假意说道："你们都是与我出生入死多年的兄弟，不会有异心。然而，如果你们的部下想求得荣华富贵，硬是将黄袍披在你们的身上，你们即使不想当皇帝，到那时恐怕也身不由己了。"众将听罢，连连叩头，请求宋太祖赵匡胤给他们指明一条生路。宋太祖赵匡胤这才将原本的计划和盘托出，对众将说："人生在世，如同白驹过隙，倏忽而逝。所谓富贵，无非是多积攒金钱，使子孙后代免于贫困而已。你们不如放弃兵权，远离中央，到地方上去，多置良田美宅，为子孙后代建立长远的产业。同时也可多买些歌姬，饮酒相欢，以终天年。朕愿意同你们结为姻亲，君臣之间，再无猜疑，上下相安，这样多好啊！"众将听罢，连连叩头谢恩。于是，石守信等高级将领在第二天纷纷上奏，请求交出兵权，回乡养病。宋太祖赵匡胤欣然应允，许以良田美宅，并与几位高级将领结为姻亲。就这样，宋太祖赵匡胤将武将手中的兵权收归中央，这一事件史称"杯酒释兵权"。

"杯酒释兵权"之后，宋太祖赵匡胤进一步创建一系列军事制度，以巩固中央集权。首先，宋太祖赵匡胤在中央设立枢密院，枢密院长官为枢密使和枢密副使，主管协助皇帝调动全国军队。枢密院与"三衙"分掌军权，又各有所司：三衙虽然掌握禁军，却无调兵、发兵之权；枢密院有发兵、调兵之权，却不直接掌握军队。这样，宋朝调兵权与领兵权分离，各自独立，相互制约。第二，宋太祖赵匡胤将全国军队分为禁军和厢军两部分，禁军驻扎在京城和边关，厢军戍守地方，禁军和厢军的数量始终维持2：1的比例，这样保证了中央禁军数量高于任何一地的厢军数量。第三，宋太祖赵匡胤实行更戍法，中央和地方的军队按时调动，而统军将领不跟随军队一起调动，这样确保了某一支军队不会成为某一名将领的私人武装力量，但也造成兵不识将、将不识兵和兵无常帅、帅无常师的局面。宋朝的兵制虽然加强了中央集权，避免了像五代十国时期那样因武将手握兵权而导致的政权频繁更迭，但其负面作用在宋朝与契丹帝国之间的战争中也凸显出来。到宋太宗时期，宋太宗赵光义更惧怕武将权势过大、对皇权构成挑战，所以创立了"阵图"制度，每次出兵前，都要向前线将领颁发"阵图"，要求前线将领严格按"阵图"行军作战，如有违背，即使取得胜利，也会遭受处罚。宋太宗赵光义的

杨业

"阵图"制度严重束缚了前线将领的手脚，直接导致了两次北伐契丹帝国的惨败。

反观契丹帝国一方，契丹传统军事贵族阶层虽然对皇权构成一定威胁，但契丹军事贵族权力极大，在战场上有着临机应变的实权，客观上有利于前线将领抓住转瞬即逝的战机，取得战场主动权。

契丹帝国取得了统和战争的最终胜利，宋太宗赵光义的北伐愿望彻底破产，宋朝再无力夺取燕云十六州。此役，契丹帝国不仅保住了燕云十六州，而且对宋战略方针由防守转为进攻，为契丹帝国称霸奠定了基础。

第四节
澶渊之盟：契丹南征与辽宋议和

契丹帝国取得了统和战争的最终胜利之后，花费一二十年时间向东、西两面发展。在西域，契丹帝国相继降服了西域的于阗、回鹘等部族；在东面，契丹降服了女真诸部，并出兵高丽，迫使高丽称臣、进贡。契丹帝国坚持一国多制、因俗而治的方针政策，对所辖各地区进行有效治理。在圣宗耶律文殊奴在位时期，契丹帝国逐渐走向鼎盛。

997年，即统和战争结束11年之后，宋太宗病逝，其第三子寿王赵恒继位，史称"宋真宗"。1004年，承天太后萧绰和圣宗耶律文殊奴御驾亲征，率军约20万南下，以收复瓦桥关以南的"关南十县"为由，主动对宋朝发起进攻，试图彻底解决南面宋朝的威胁。接到契丹大军来袭的消息，宋朝大臣王钦若、陈尧叟向宋真宗进言，力主迁都以避敌锋芒。王钦若是江南人，主张迁都升州（今江苏省南京市），陈尧叟是四川人，主张迁都益州（今四川省成都市）。宋真宗犹豫不决，于是向宰相寇准问计，没想到寇准非但不主张迁都，反而力谏宋真宗御驾亲征，率军北上迎击契丹大军。寇准坚称："如果放弃汴京南逃，势必动摇人心、国本，南逃途中万一全军崩溃，一哄而散，陛下想逃到升州、益州都不可能！如果陛下御驾亲征，必定士气大振，上下一心，击退敌军！"经寇准等大臣力谏，宋真宗被迫御驾亲征，率师北上迎击契丹大军。此时，承天太后萧绰和圣宗耶律文殊奴率领的契丹主力军已经抵达黄河岸边的澶州城下。澶州城跨黄河而建，被黄河分为南、北两城。宋真宗抵达澶州前线后，驻跸南城，不敢过黄河到北城视察战事。宰相寇准、殿前都指挥使高琼力促宋真宗渡河，高琼更是挥鞭驱赶驭辇武士，将宋真宗强行抬过黄河浮桥。宋真宗在御林军的簇拥下登上澶州北城城楼，前线宋军见到皇帝仪仗，山呼万岁，士气为之大振。

契丹军主帅萧挞凛率领数十名轻骑兵在澶州城外巡视，误中宋军伏弩，坠马身亡，契丹大军士气受挫。此时宋军各路援军纷纷赶到，澶州内外宋军及武装起来的民兵多达50万之众，而围城的契丹军约八九万。承天太后萧绰和圣宗耶律文殊奴见无取胜把握，就派遣宋朝降将王继忠从中联络，向宋朝提出议和。就在承天太后母子御驾南征的前一年，即1003年，耶律奴瓜、萧挞凛在望都与宋军交战时，宋军主将王继忠被俘，归降契丹帝国。王继忠是宋真宗做皇子时的藩邸旧属，在宋朝时深受真宗信任，因此承天太后萧绰令王继忠负责联络辽宋双方的议和事宜。

契丹帝国的议和提议正合宋真宗的心意，宋真宗不顾寇准等人的劝阻，执意同意与契丹帝国议和。宋真宗派遣曹利用出使契丹军营，商谈议和条款。临行前，宋真宗将曹利用召到御帐中，嘱咐他说："契丹人如果提出割地的要求，万万不能应允，以前汉朝皇帝曾许给匈奴玉帛钱粮以换取和平，有先例在前，如果契丹人索要财物，每年给他们一百万也是可以接受的。"曹利用领旨退出御帐，等在帐外的宰相寇准将他拉到一旁说："陛下虽许以百万，但如果你答应契丹的数额超过三十万，回朝后我一定杀你！"曹利用听罢，连连保证一定按宰相寇准规定的数额标准与契丹人谈判。曹利用领命赶赴契丹军营，承天太后亲自接见，并赐宴款待。经过一番讨价还价，双方终于达成协议：

一、宋朝与契丹约为兄弟之国，辽圣宗年幼，称宋真宗为兄，宋真宗尊承天太后为婶母；

二、双方以白沟河为界，各守疆土，互不侵犯，双方均不得在边界增修城池、堡垒，凡有越界逃亡者，双方均不得藏匿，必须遣返；

三、宋朝每年向契丹赠予"岁币"，计银十万两、绢二十万匹，至雄州交接；

四、双方边境设立榷场，开放互市贸易，双方人员均不得有挑衅行为，违者论罪处罚。

议和既成，曹利用回营复命时，宋真宗正在用膳，不方便接见曹利用，但又迫切想知道谈判结果，特别是宋朝许以契丹帝国多少钱帛，于是派一名宦官去询问等候在御帐之外的曹利用。曹利用觉得谈判事宜乃国家机密，不愿告知宦官，这名宦官又因领受皇命，急于知道宋朝许以契丹的钱帛数目。曹利用在宦官的再三催问下，只好用三根手指轻轻在脸上比画了一下，作为暗示。宦官回帐复命道："曹公不愿相告，但用三根手指覆面，估计是三百万吧。"宋真宗听到宦官的汇报后，惊得连筷子都掉在地上，连呼"太多！太多！"但转念一想，每年花三百万换取北部边境和平，也算值得。待宋真宗用膳完毕之后，急忙召见曹利用。曹利用事先在御帐外听到宋真宗高呼"太多"，进账之后便诚惶诚恐地叩头，连声称道："臣死罪！臣死罪！臣答应得太多了……"当宋真宗听到曹利用许以契丹钱帛仅三十万时，大喜过望，连连夸奖曹利用。此后曹利用屡受提拔，官至枢密使、同中书门下平章事、尚书右仆射等要职。

澶州又称"澶渊"，因此契丹与宋朝之间的协议称为"澶渊之盟"。"澶渊之盟"的订立，结束了契丹与宋朝之间长达二三十年的战争局面，此后双方百余年没有爆发战争，史书记载辽宋边境"生育繁息，牛羊被野，戴白之人不识干戈"。承天太后萧绰、圣宗耶律文殊奴母子此次御驾亲征，虽然没有吞并宋朝，但却以另一种方式达成了战略目标，在契丹军处于相对劣势的情形下签订和平协议，彻底解决了南面宋朝对契丹帝国的威胁。"澶渊之盟"不仅令契丹帝国获得了丰厚的报酬，而且为契丹帝国的南部边境赢得了宝贵的和平局面，使得契丹帝国能够集中精力治理东北、蒙古草原和西域广大地区，为契丹帝国走向鼎盛提供了保障。

床子弩示意图

第五章

东征西讨：对高丽、西夏的战争与帝国的巩固契丹帝国在解决了南面宋朝的威胁之后，着力向东、西两面发展。在东面，契丹帝国出兵高丽，迫使高丽称臣、进贡，巩固了帝国东面边疆；在西面，契丹帝国的主要目标是新建立的西夏，经过多年战争与和平的反复，契丹帝国最终迫使西夏归附，巩固了西部边疆。四周边疆的巩固，为契丹帝国赢得了和平的发展环境，推动契丹帝国达到鼎盛。

第一节
三征高丽：帝国东部边疆的巩固

辽圣宗耶律文殊奴在位期间，契丹帝国与位于今朝鲜半岛上的高丽王朝之间爆发了三次大规模战争，契丹帝国三战三捷，使得高丽对契丹帝国称臣纳贡，契丹帝国东部边疆得以巩固。

高丽又称"王氏高丽"，是10世纪初至14世纪末朝鲜半岛中南部的一个王朝，历经34代君主，享国475年。918年，王建被拥立为王，国号高丽，年号天授，定都开州，后改称开京，位于今朝鲜民主主义人民共和国开城特别市。935年，高丽吞并了位于朝鲜半岛南部的新罗；936年，高丽灭亡了位于朝鲜半岛南部的后百济，统一了朝鲜半岛中部、南部。

契丹帝国建国之初，与高丽并不接壤，两国之间没有利益冲突，高丽的开国君主王建早有意与契丹帝国修好，于是在915年派遣使者到达契丹，向太祖耶律阿保机赠送宝剑。926年，契丹帝国太祖耶律阿保机消灭了渤海国，契丹帝国遂与高丽接壤。渤海国覆灭时，一部分渤海国遗民向东逃到高丽境内，高丽对他们给予妥善安置，以此吸引了更多的民众归附。契丹帝国屡次就原渤海国移民问题与高丽进行交涉，均未果。因此，契丹帝国对高丽的怨恨日益增加，原渤海国移民问题成为双方开启战端的一个重要原因。

10世纪末至11世纪初，契丹帝国与南面宋朝的战事逐渐平息，圣宗耶律文殊奴的征讨目标逐渐转向东边的高丽。辽圣宗耶律文殊奴在位期间，契丹帝国共发起了三次对高丽的大规模战争。

985年农历七月，圣宗耶律文殊奴传谕契丹帝国诸道诸部，整顿兵马，准备东征高丽，后因986年与南面的宋朝的统和战争而不得不中止。在击退了宋朝的北伐之后，东征高丽的军事行动在契丹帝国重新提上日程。992年，圣宗耶律文殊奴任命东京留守萧恒德为统帅，出兵东征高丽。东京留守萧恒德的父亲就是"澶渊之盟"前夕误中宋军伏弩身亡的兰陵王萧挞凛，萧恒德于989年迎娶了景宗耶律明扆与萧绰所生的第三女耶律延寿奴，被圣宗耶律文殊奴封为驸马都尉，极受承天太后萧绰与圣宗耶律文殊奴的重视。圣宗耶律文殊奴任命萧恒德为东征军统帅，足见当时契丹帝国对东征高丽的重视。萧恒德统率的契丹大军势如破竹，节节胜利。993年，高丽成宗王治向契丹帝国奉表请罪，契丹帝国当时面临南面宋朝的军事压力，因而接受了高丽的议和请求，遂从高丽撤军。至此，契丹帝国第一次东征高丽的战争宣告结束。

1009年至1010年，即辽宋"澶渊之盟"签订后的第六年，高丽内部发生政变。高丽西京留守（高丽的西京位于今平壤市）康肇（一些史籍中写作"康兆"）弑杀了高丽穆宗王诵，并拥立高丽近支宗室王询为国王，史称"高丽显宗"。王询即位后，派遣司农卿王日卿出使宗主国契丹帝国，向辽圣宗耶律文殊奴"告哀称嗣"，即汇报王诵仙逝、自己即位一事，但却隐瞒了康肇弑君、拥立自己为国王的细节。当时高丽是契丹帝国的附属国，高丽国王之位必须经契丹帝国皇帝册封方才合法，高丽将领瞒着契丹帝国擅杀、擅立国王，在当时是触动契丹帝国皇帝权威、宗主国地位的行为。经女真酋长告发，辽圣宗耶律文殊奴得知了康肇弑君、高丽王位更迭的具体情况，遂出兵第二次东征高丽。

契丹帝国与南面的宋朝于1004年签订"澶渊之盟"后，双方之间开始了长达百余年的和平局面，契丹帝国南部的边境线稳定在白沟河一线，使得契丹帝国对高丽用兵时没有了南面宋朝的牵制，大量契丹军队可以调离燕云十六州一线。1009年农历十一月初一，承天太后萧绰为儿子耶律文殊奴举行了契丹民族传统的燔柴礼，将国政全权交给儿子耶律文殊奴。自此，圣宗耶律文殊奴正式亲政。同年农历十二月十一日，承天太后萧绰病逝，为纪念她摄政数十年来的辉煌成就和对契丹帝国的卓绝贡献，也为遵照圣宗耶律文殊奴即位27年后才举行燔柴礼的先例，此后契丹帝国历代皇帝均在即位数年之后才举行燔柴礼。1010年得知高丽内部擅杀、擅立国王一事之后，失去了母亲承天太后萧绰辅佐、刚刚亲政不久的圣宗耶律文殊奴一方面出于立威，一方面出于趁机收回契丹军事贵族手中兵权的考虑，决定御驾亲征，率领40万大军，发起了对高丽的第二次东征。

1010年农历十一月，契丹大军以"义军天兵"为旗号，气势汹汹地攻入高丽境内。高丽显宗王询任命康肇为行营都统使，率领30万军队迎战。两军在通州（位于今朝鲜平安北道宣川郡西北）相遇，康肇摆出剑车阵迎击契丹大军。契丹军前锋统帅耶律盆奴先是佯装败退，故意让康肇小胜几番，以麻痹高丽军队。康肇果然中计，逐渐生出轻敌之心，在前线指挥作战时甚至与好友下棋，以示对战事胸有成竹。耶律盆奴趁高丽军队懈怠之机，率领精锐骑兵突袭康肇指挥部所在的三水寨。部将急忙向康肇禀报契丹大军来袭的军情，康肇却轻蔑地说："契丹兵就像是我们口中的食物，太少了吃不饱，来得越多越好。"说罢，继续饮酒下棋。由于主帅康肇轻敌，契丹军很快就攻进了高丽大营，部将急忙禀报，并劝康肇赶快逃跑。康肇醉醺醺地起身问道："真的吗？"就在康肇刚一起身之时，他半醉半醒地隐约感觉到曾被他弑杀的高丽穆宗王诵就站在他身后，并对他厉声喝道："你作恶多端，这是上天的惩罚，你逃不掉了！"产生幻觉的康肇不禁脱下兜鍪（一种头盔）慌忙跪拜，连称"臣死罪！臣死罪！"恰在此时，契丹军冲进营帐，俘虏了康肇等高丽高级将领，高丽的通州被契丹军占领。康肇被契丹军捆在毡子里，架于马上，押送到辽圣宗耶律文殊奴面前处斩。

攻占通州后，契丹大军兵锋直抵高丽都城开京（今朝鲜开城市）。1010年农历十二月二十八日，高丽显宗王询带着后妃子女、几位重臣和50余名禁军，趁契丹大军没有对开京形成合围之前，在夜色的掩护下逃出开京，将开京和全城军民丢弃给契丹大军。1011年农历正月初一，契丹大军攻占开京，并将其付之一炬。此前，高丽显宗王询刚刚逃出开京时，便连忙命河拱辰、高英起两名重臣赶赴契丹军营谢罪请降。同时，高丽显宗王询还将擅自弑君的康肇定罪为此次战争的"祸首"，将康肇的同党卓思政、朴升、崔昌、魏从政、康隐等大臣或处死或流放。此时契丹大军后方面临高丽小股部队袭扰，圣宗耶律文殊奴考虑到后方安全问题，担心战线过长容易被高丽截断后路，遂接受高丽显宗王询的降表并班师。契丹一方原本要让高丽显宗王询亲自到契丹帝国的上京朝觐，但高丽一方担心王询有去无回，便借口王询抱病，婉言拒绝，圣宗耶律文殊奴也没有与之计较。至此，契丹帝国第二次东征高丽的战争宣告结束。

1013年，契丹帝国以高丽显宗王询未能亲自到上京朝觐为由，向高丽索要江东六州，即鸭绿江东岸的六个州。对于这一要求，高丽予以拒绝，辽圣宗耶律文殊奴派遣耶律资忠在鸭绿江上搭建浮桥，并在鸭绿江东岸高丽一侧筑城。此后，契丹帝国与高丽在鸭绿江一线摩擦不断，为契丹帝国发起对高丽的第三次东征埋下了伏笔。1015年时，高丽显宗王询派遣民官侍郎郭元渡海到宋朝朝贡，并停用契丹帝国的"开泰"年号，改用宋朝的"大中祥符"

年号，以期获得宋朝的军事援助，共同抵御契丹帝国。然而，宋朝并没有为高丽提供救兵，被激怒的辽圣宗耶律文殊奴于1018年任命东平郡王萧排押为都统、萧虚烈为副都统、契丹帝国东京留守耶律八哥为都监，率领10万大军发起对高丽的第三次东征。此战双方互有胜负，契丹大军并未取得显赫战功。高丽统帅姜邯赞在高丽龟州一带伏击并重创契丹先锋部队，高丽一方将这次伏击战夸大为"龟州大捷"。龟州之战后，契丹军队重整旗鼓，向高丽都城开京挺进。1019年，高丽显宗王询为尽快结束战争，遣使向契丹帝国谢罪、进贡。1020年，高丽显宗王询向契丹帝国呈上降表，辽圣宗耶律文殊奴也就此罢手，契丹帝国对高丽发起的第三次东征宣告结束。

辽圣宗耶律文殊奴三次东征高丽，迫使高丽称臣纳贡，粉碎了高丽联合宋朝钳制契丹帝国的计划，解除了帝国东面的威胁，巩固了契丹帝国的东部边境。结束了对宋朝、高丽的战争之后，圣宗耶律文殊奴于1021年将契丹帝国的年号改为"太平"。大规模战争结束后，圣宗耶律文殊奴专心整顿内政、发展生产、赈灾济民，使得百姓休养生息，契丹帝国迎来了盛世，因这一时期年号为"太平"，契丹帝国在圣宗耶律文殊奴时期的鼎盛局面史称"太平之治"。

契丹骑兵

第二节
兴宗即位：内部权力分配的再调整

1031年，圣宗耶律文殊奴病逝，享年六十一岁。圣宗耶律文殊奴在位四十九年，是契丹帝国在位时间最长的一位皇帝。据《辽史》等史籍记载，圣宗耶律文殊奴至少有九个儿子，因第一、二、三子早夭，圣宗耶律文殊奴驾崩后，其年仅十五岁的第四子耶律只骨（汉语名耶律宗真）即位，史称"辽兴宗"。

圣宗耶律文殊奴执政晚期以及兴宗耶律只骨即位之初，契丹帝国内部面临的最主要问题就是因对宋朝、高丽的战功而成长起来的一批新军事贵族，他们对契丹帝国的皇权逐渐构成挑战。

契丹民族是草原游牧民族，血缘氏族在契丹社会中始终扮演着重要的角色。不同于中原王朝有着完整的皇位继承制度，契丹帝国的皇位传承或多或少带有游牧民族的原始部落选举制色彩。除圣宗耶律文殊奴以嫡长子身份继承皇位这一特例之外，自太祖耶律阿保机与太宗耶律尧骨的皇位传承开始，契丹帝国每次的皇位传承都伴随着激烈的权力斗争、内部权力的再分配。圣宗耶律文殊奴即位之初，也面临着契丹传统军事贵族对皇权的挑战，圣宗耶律文殊奴的母亲承天太后萧绰重用汉族大臣韩德让，甚至据传她本人曾下嫁韩德让，其中最重要的原因就是为了削弱、打压契丹传统血缘氏族、传统军事贵族特别是近支皇族的权力。景宗朝后期至圣宗一朝，契丹帝国陆续与南面的宋朝、东面的高丽以及西北方向的一些游牧部族展开了旷日持久的战争，一批新的军事贵族在战争中崛起，大幅取代了契丹传统血缘氏族、传统军事贵族的权力。新军事贵族的代表，即承天太后萧绰的近支家族和心腹重臣势力。

986年，即圣宗耶律文殊奴即位后的第四年，也是契丹帝国与宋朝之间爆发统和战争的那一年，承天太后萧绰为获得传统军事贵族势力的支持，为十六岁的儿子耶律文殊奴从应天太后（即耶律阿保机的皇后述律月里朵）近支家族中选取一位女子萧氏，册封为皇后，然而这位萧皇后在后宫中并不得宠，一直没有生育子女。994年，承天太后萧绰在契丹帝国的权位已经稳固，于是将自己近支堂弟萧隈因年仅十二岁的女儿萧菩萨哥选入宫中，册封为贵妃。萧菩萨哥被册封为贵妃，不仅由于其父亲萧隈因是承天太后萧绰的近支堂弟，而且由于她的舅舅是韩德让。《辽史》记载萧菩萨哥"美而才"，集美貌与才华于一身，为人谦逊恭谨，深得比她年长十二岁的表哥耶律文殊奴的宠爱。萧菩萨哥生有两个儿子，但均夭折。1001年，圣宗耶律文殊奴废掉萧皇后，将其降为贵妃，同时将十九岁的萧菩萨哥册立为皇后。史籍中仅记载原来的萧皇后"因罪"被废，并没有具体记载她犯有何罪，契丹帝国的这次"易后"之举，不仅是由于圣宗耶律文殊奴对萧菩萨哥的宠爱，更是出身契丹传统军事贵族家庭的萧皇后为出身承天太后萧绰近支家族的萧菩萨哥让位。其背后的深层原因，是契丹传统军事贵族势力的削弱、因战功成长的新军事贵族势力的兴起。

皇后萧菩萨哥虽然集承天太后萧绰、圣宗耶律文殊奴、舅舅韩德让、堂叔萧挞凛等契丹帝国实权人物的呵护、宠爱于一身，但自从她的两个儿子天折后，她再未能生育子女。耶律文殊奴的母亲承天太后萧绰不得不为儿子以及整个契丹帝国的继承人考虑，广选妃嫔进入后宫。除废后萧氏、皇后萧菩萨哥之外，圣宗耶律文殊奴的妃嫔在史籍中有明确记载的就有十八位，最后为圣宗以及整个契丹帝国生育继承人的，却是起初并不受重视的一名宫女萧耨斤。萧耨斤出身应天太后亲兄弟中的一支，是应天太后的亲弟弟述律阿古只的玄孙女。由于萧耨斤皮肤黝黑，因而在入宫之初并未受到圣宗耶律文殊奴的重视，耶律文殊奴甚至未将她册封为妃嫔，只是安排她以官女身份暂时先在母亲承天太后萧绰处，负责为承天太后萧绰打扫、整理床铺。据说，一天萧耨斤在打扫床铺时偶然发现承天太后萧绰床铺上竟站立着一只活生生的小金鸡，来路不明。适逢承天太后萧绰进帐，萧耨斤在慌忙之中竟将这只小金鸡生吞了下去，结果萧耨斤通体发光，几天之后原本黝黑的皮肤变得白皙，光彩照人。承天太后萧绰甚为惊奇，对她说："你以后一定能为皇帝生下异于常人的儿子！"于是，承天太后萧绰安排萧耨斤为圣宗耶律文殊奴侍寝。1016年，萧耨斤果然为圣宗耶律文殊奴生下第四位皇子，初名耶律木不孤，后改名为耶律只骨（汉语名耶律宗真），交由皇后萧菩萨哥亲自抚养。因圣宗耶律文殊奴前三子均天折，耶律只骨就成了事实上的皇长子。萧耨斤因诞有龙子，被册封为元妃，地位仅次于皇后萧菩萨哥。1021年，萧耨斤又为圣宗耶律文殊奴生下一子，取名耶律孛吉只（汉语名耶律宗元，一些史籍中写作"耶律重元"）。

诞下龙子之后，元妃萧耨斤的权力欲日益膨胀，她将皇后萧菩萨哥视为眼中钉，千方百计予以加害。萧耨斤多次指使他人诬告皇后萧菩萨哥与宫中乐师、仆役有染，圣宗耶律文殊奴均未听信。萧耨斤甚至将诬告信偷偷塞进圣宗耶律文殊奴的被褥中，圣宗发现诬告信之后，苦笑着对左右近侍说：

"这必是元妃所为！"然而，圣宗耶律文殊奴始终未对元妃萧耨斤予以实质性的处罚，究其原因，不仅由于元妃萧耨斤毕竟是太子耶律只骨的生母，更由于承天太后萧绰、韩德让相继病逝后，圣宗耶律文殊奴失去了保护伞，需要得到更广泛的支持，元妃萧耨斤出身应天太后的亲弟弟述律阿古只一系，其家族势力在朝中盘根错节，使得圣宗投鼠忌器。

为了稳固皇后萧菩萨哥的地位，圣宗耶律文殊奴于1028年将皇后萧菩萨哥的堂兄弟萧匹里与秦国公主耶律燕哥所生的女儿萧三蒨册立为太子妃，许配给太子耶律只骨。1031年，圣宗耶律文殊奴病重，年近半百的皇后萧菩萨哥在床边服侍，元妃萧耨斤见到此番情景，竟当着圣宗的面对皇后萧菩萨哥说："老东西，你也有今天！你的末日就快到了！"圣宗临终前，百般嘱托太子耶律只骨："皇后是你的养母，朕死后，你可一定要保全她的性命啊！"圣宗留下遗诏，令儿子耶律只骨即位后尊养母萧菩萨哥为皇太后、尊生母萧耨斤为皇太妃。

圣宗耶律文殊奴驾崩后，太子耶律只骨（汉语名耶律宗真）即位，史称"辽兴宗"。兴宗耶律只骨的生母萧耨斤拒绝被尊为皇太妃，于是胁迫儿子耶律只骨篡改遗诏，自立为皇太后，上尊号"法天太后"，临朝摄政。兴宗耶律只骨自幼被萧菩萨哥抚养，萧菩萨哥对他视若己出，兴宗对她尊敬有加，在耶律只骨的坚持下，萧耨斤做出妥协，萧菩萨哥也被尊为皇太后，上尊号"齐天太后"。这样，契丹帝国就出现了两宫太后并立的局面。

法天太后萧耨斤自然不会允许齐天太后萧菩萨哥存活于世，于是罗织罪名屡屡加害。兴宗耶律只骨刚刚即位，法天太后萧耨斤就指使护卫冯家奴、喜孙等人诬告齐天太后萧菩萨哥的两个弟弟谋反，他们一位是北府宰相萧浞卜，另一位是驸马萧匹敌，均是位高权重的大臣。法天太后萧耨斤将二人处斩，连累到齐天太后萧菩萨哥。兴宗耶律只骨向法天太后萧耨斤苦苦哀求道："她侍奉先帝近40年，又将朕抚育成人，朕怎么忍心将她治罪？况且她年事已高，又没有儿子，即使活着，也不会有什么作为了。"经耶律只骨苦劝，法天太后萧耨斤不得不暂时饶过齐天太后萧菩萨哥的性命，将她迁往上京幽禁。1032年，兴宗耶律只骨举行"春捺钵"，不在上京，法天太后萧耨斤趁机矫诏，将齐天太后萧菩萨哥赐死，以庶人之礼葬于契丹帝国祖州北面的白马山，将萧菩萨哥身边的侍从、宫女百余人全部杀死。齐天太后萧菩萨哥被赐死后，法天太后萧耨斤大肆捕杀、流放出身萧菩萨哥娘家的大臣。圣宗耶律文殊奴在位时，曾将萧菩萨哥的堂兄弟萧匹里之女萧三蒨册立为太子妃，许配给时任太子的耶律只骨，耶律只骨即位后，萧三蒨被册立为皇后，法天太后萧耨斤铲除萧菩萨哥家族势力时，将萧三蒨降为贵妃。同时，法天太后萧耨斤将自己的亲弟弟萧胡独堇（汉语名萧孝穆）之女萧挞里册立为皇后，许配给兴宗耶律只骨。

清除了齐天太后萧菩萨哥及其家族势力之后，法天太后萧耨斤独揽朝政，兴宗耶律只骨俨然成为傀儡皇帝。法天太后萧耨斤自知兴宗耶律只骨虽然是自己所生，但并非自己所养，将来一定会夺权，于是渐渐萌生出废长立幼的想法。1034年，法天太后萧耨斤召集自己的亲弟弟萧海里（汉语名萧孝先）等人密谋废掉兴宗，改立自己生养的小儿子耶律孛吉只为帝。出乎法天太后萧耨斤意料的是，耶律孛吉只胆小，得知密谋后，连忙偷偷跑去见哥哥耶律只骨，将母亲废长立幼的计划全盘托出。1034年农历五月，兴宗耶律只骨假意带着母亲萧耨斤去行宫避暑，途中先是伺机逮捕了舅舅萧海里，然后率领200名侍卫亲军突然冲击法天太后萧耨斤的营帐。法天太后萧耨斤毫无防备，身边仅有的几十名侍从悉数被兴宗耶律只骨率众杀掉。兴宗耶律只骨等人闯进母亲的帐幕中，逮捕了法天太后萧耨斤，并用一辆囚车将她押往庆州幽禁。第二天，兴宗耶律只骨下诏，将法天太后萧耨斤贬为庶人，除了萧耨斤的几位亲兄弟外，法天太后萧耨斤的亲信大臣、部将悉数被处死或流放。兴宗耶律只骨对几位舅舅从轻处罚，法天太后萧耨斤的侄女萧挞里也没有受到株连，保住了皇后之位。法天太后萧耨斤的小儿子、兴宗耶律只骨的弟弟耶律孛吉只因揭发萧耨斤废长立幼的阴谋有功，被兴宗耶律只骨册立为"皇太弟"，成为皇位的继承人。

萧耨斤虽遭幽禁，但结局还好。1047年的一天，已过而立之年的兴宗耶律只骨听"报恩经"有所感悟，将已被幽禁13年的母亲萧耨斤迎回宫中奉养，并归还"法天太后"的尊号。但是，兴宗耶律只骨与母亲法天太后萧耨斤之间积怨已深，母子间的裂痕无法弥合。兴宗耶律只骨严密监视母亲萧耨斤，每逢捺钵，必带上母亲随行，但母子的营帐相隔数十里之遥。八年后，即1055年，兴宗耶律只骨驾崩，皇后萧挞里在丈夫的灵柩前痛哭失声，法天太后萧耨斤不仅毫无悲戚之情，反而厉声训斥儿媳萧挞里："你还年轻，尚可再嫁，何必哀痛如此！"可见萧耨斤与耶律只骨之间已毫无母子之情。两年后，即1057年，已近八十高龄的太皇太后萧耨斤病逝，得以善终。

铲除了法天太后萧耨斤势力之后，兴宗耶律只骨正式亲政。兴宗耶律只骨即位前后，契丹帝国政局经过数年动荡，趋于稳定。此次政局动荡

契丹鎏金铜人印章

之时，无论是以承天太后萧绰、齐天太后萧菩萨哥家族势力为代表的新军事贵族集团，还是以应天太后述律月里朵、法天太后萧耨斤家族势力为代表的传统军事贵族集团，均受到了极大程度的削弱，兴宗耶律只骨的皇权以及契丹帝国的中央集权，得到了相当程度的巩固和强化。

第三节
元昊称帝：来自西南边陲的威胁

正当契丹帝国忙于对宋朝、高丽的战争以及内部权力斗争之际，契丹帝国西南方向的党项人崛起，并建立了与契丹帝国、宋朝并立的国家，史称"西夏"，对契丹帝国的西南边境构成极大的威胁。

党项人是"五胡十六国"中羌人的一支，称为"党项羌"。党项人早期没有农业，生产生活依赖畜牧业。党项人早期没有文字、没有历法，以草木枯荣来计算"年"。和北方游牧民族原始崇拜一样，党项人崇拜天地鬼神。党项的丧葬方式为火葬，这和东北的女真人较为接近。党项人尚武，据《隋书》记载：党项人"每姓别为部落，大者五千余骑，小者千余骑"。按照党项旧俗，如果同氏族的成员受到其他氏族伤害，同氏族必须团结一致复仇，在未复仇前，同氏族成员不洗脸、不打理头发、赤足、不吃肉，直到完成复仇为止。党项人崇尚白色，因此后来建立的国家也自称"大白上国"（党项语"邦泥定国"）、"白高大夏国"。

唐朝时，党项人依附鲜卑吐谷浑部，经常与吐谷浑联合对抗青藏高原上的吐蕃。吐谷浑政权灭亡后，党项人内附唐朝，被唐朝安置在松州（今四川省松潘县），后来几经迁徙，居住于今天青海、甘肃、宁夏部分地区。党项人早期处于部落联盟状态，盟主部落的首领姓拓跋，因此，后来党项人建国后，开国皇帝李元昊就坚称党项是鲜卑后裔。安史之乱爆发后，吐蕃占据了河西陇右之地，党项人被唐朝安置在了夏州以东、银州以北地区，唐代宗于765年册封党项首领拓跋朝光为静边州大首领、左羽林大将军，并许其在银州（今陕西省米脂县）建立牙帐。

唐朝末年，唐僖宗册封党项首领为夏州节度使，后因党项人助唐军平定黄巢起义之功，党项首领拓跋思恭被唐朝赐国姓"李"，册封"夏国公"，拓跋思恭的部队也被唐朝称为"定难军"。至此，拓跋思恭以夏国公、定难军节度使身份，占据银州（今陕西省米脂县）、夏州（今陕西省横山区）、绥州（今陕西省绥德县）、宥州（今陕西省靖边县）、静州（今陕西省米脂县西）共约5.2万平方公里的五州之地。

宋太宗赵光义即位之初，宋朝忙于对契丹帝国的战事，党项首领李继迁率众在夏州东北三百里的地斤泽（今内蒙古自治区巴彦淖尔市一带）割据，并经常袭扰宋朝西北边境。985年，李继迁与族弟李继冲一起诱杀宋朝驻防西北的将领曹光实，攻占银州、会州（今甘肃靖远县），彻底与宋朝决裂。为了寻求外援，李继迁向契丹帝国称臣，契丹帝国册封李继迁为"夏国王"。996年，李继迁截击宋军粮草车队，共截获军粮40万担，宋太宗赵光义大怒，派兵攻打李继迁，被李继迁击败。第二年，即997年，宋太宗驾崩，其子赵恒即位，史称"宋真宗"。宋朝在皇位更迭之际，无暇西顾，李继迁趁机发展壮大。1004年，李继迁遭吐蕃首领潘罗支暗算，中箭身亡，其子李德明即位，并遣使上报契丹帝国。同年，辽圣宗耶律文殊奴封李德明为"西平王"。李德明即位后，不仅继续向契丹帝国称臣，而且主动缓和与宋朝的关系。1006年，李德明向宋朝奉上请求归附的誓表，宋真宗赵恒加封李德明为特进（官职名称，地位大致相当于三公）、检校太师兼侍中、持节都督夏州诸军事、行夏州刺史、上柱国、定难军节度使等职。1028年，李德明派遣其子李元昊领兵灭亡了甘州回鹘，党项人占据了整个河西走廊，势力范围扩展到了玉门关。1032年，李德明病逝，其子李元昊即位。

李元昊继承父祖遗志，积极开疆拓土。在李元昊即位的同年，即1032年，他就挑起了对河湟吐蕃的战争，攻占了猫牛城（今青海省大通县）。1036年，李元昊击败河西回鹘，并占领肃州（今甘肃省酒泉市）。1038年，李元昊正式称帝建国，国号"大夏国"，史称"西夏"。

西夏正式建国的第二年，即1039年，李元昊遣使到宋朝，要求当时在位的宋仁宗赵祯正式承认他的皇帝称号。宋仁宗断然拒绝，并下诏"削夺赐姓官爵"，停止党项人与宋朝之间的互市贸易，并在边境张贴榜文，悬赏捉拿李元昊，集结重兵准备围剿新生的西夏政权，西夏与宋朝之间正式拉开战争序幕。

1040年，李元昊御驾亲征，统率约10万大军围攻宋朝的西北重镇延州。宋朝将领刘平、石元孙、黄德和、万俟政、郭遵等各率领本部人马驰援延州，但步骑兵总数仅有1万余人。李元昊派人冒充延州知州范雍的信使，到刘平军中，诈称知州范雍在延州东门等候接应援军入城，希望宋军分成小队行进，以免阻塞入城道路。刘平不知是计，将前锋2500名兵士分成50队前进。行至半途，刘平发现那名所谓的"信使"不见踪影，才恍然大悟，立即派人飞马去召回前锋部队，不幸的是，此时宋军前锋2500名兵士已经相继落入党项军队虎口。刘平急忙下令宋军全军火速前进，行进至距延州五里处的三川口，遭遇党项伏兵。党项人依仗人多势众，首先发动攻击。酣战之际，党项骑兵冲乱宋军队形，宋军稍退。刘平等将领正打算重整队列、发起进攻之际，宋军后军将领黄德和贪生怕死，率先逃遁，以致宋军全军大乱。

李元昊趁势发动总攻，宋朝援军全军覆没，郭遵等将领阵亡，刘平等将领被俘后不屈殉国。这场战役史称"三川口之战"。围歼宋朝援军之后，李元昊收拢部队，准备进攻延州城，但恰巧遇到天降大雪，党项军缺少御寒衣物，宋军援军又至，李元昊只好撤军。

三川口之战结束后，宋朝在西北边境修筑堡寨，凭堡据守，使得党项骑兵的野战优势发挥不出。特别是宋军中两位主将韩琦和范仲淹，苦心经营边境防务，屡屡挫败党项小股部队的袭扰。由此，宋夏边境上流行一首《边地谣》："军中有一韩，西贼闻之心骨寒；军中有一范，西贼闻之惊破胆。"1041年，即三川口之战结束后的第二年，李元昊率军10万进攻宋朝泾原路。针对双方军队的优劣势，李元昊将主力骑兵埋伏在好水川，派遣一支偏师佯攻怀远城，以引诱宋军出击，进入埋伏圈，然后发挥骑兵优势，围歼宋军。得知西夏来袭，泾原路宋军主将韩琦果然中计，命令数万宋军主动出击迎敌，任福、桑怿率轻骑兵数千作为前锋，朱观、武英等率主力部队紧随其后。任福所部与党项军在怀远城附近的张义堡展开战斗，斩杀数百党项兵，党项军佯装败走，引诱宋军追击。任福率轻骑兵追至好水川口时，天色已晚，宋军人困马乏。于是，任福命令部队就地扎营，并派信使邀桑怿等各路宋军次日会师好水川口，合击党项军。次日清晨，任福、桑怿等率军深入好水川向西进发。行至半途，宋军士卒发现路旁有数只银泥盒，将盒子打开后，百余只哨鸽从盒中飞出，这正是党项军出击的信号。党项军从四面八方杀出，李元昊在山顶竖起两面大旗，居高临下地指挥战斗。宋军向左突围，则旗帜向左摆动，宋军向右突围，则旗帜向右摆动，宋军左冲右突仍不得突围。两军自辰时战至午时，宋军阵亡万余人，任福身负重伤，自尽殉国，任福之子任怀亮、桑怿、刘肃、武英、王珪、赵津、耿傅等将领均阵亡，仅朱观率千余人狼狈逃出生天。这场战役史称"好水川之战"。

歼灭宋军主力后，李元昊并没有乘胜攻打宋朝坚固的边境城池，而是班师休整，积蓄力量准备下一场大战。好水川之战的同一年，李元昊率领养精蓄锐的党项军队卷土重来，兵锋直指宋朝西北麟州、府州、丰州三座重镇。经过反复争夺，党项军占领丰州，并攻陷麟州和府州之间的所有堡寨，隔绝了两州之间的道路。麟州、府州宋军凭城死守，多次打退党项军的进攻。到这一年冬天，宋夏之间在两州附近的琉璃堡、建宁寨爆发两场战役，党项军没有占据上风，只好撤军。这场围绕麟州、府州、丰州的争夺展开的战役史称"麟府丰之战"，除丰州被党项军占领之外，双方基本打成平局。

1042年，李元昊率军10万，分两路进击宋朝西北重镇镇戎军（今宁夏回族自治区固原市）。宋朝泾原路经略安抚招讨使王沿命令副使葛怀敏率军在渭州（今甘肃省平凉市）至瓦亭寨（今宁夏回族自治区隆德县东北）一线阻击党项军。葛怀敏兵分四路推进，李元昊避开宋军锋芒，迂回到宋军背后，切断宋军粮道和归路。葛怀敏仓促收拢各军，退守定川寨。党项军乘势掩杀，宋军溃兵争相入寨逃命，就连葛怀敏本人都被溃兵挤得摔下战马，差点儿被践踏致死，幸亏部将拼死保护才死里逃生。宋军退入定川寨后，紧密寨门，坚守待援。李元昊将定川寨团团围住，却并不急于攻打，而是首先派兵截断定川寨水源。宋军缺水缺粮，将要无法支撑，葛怀敏匆忙改变坚守待援的原计划，下令全军突围，奔赴镇戎军。李元昊早已在定川寨通往镇戎军的道路上设下伏兵，因此稍稍撤围，故意让宋军逃出定川寨。宋军出寨不久便遇到党项军阻击，李元昊率领骑兵四面杀出，宋军顿时全线崩溃，葛怀敏与部将曹英、赵珣等16名将领战死，宋军士卒战死近万人。这场战役史称"定川寨之战"。宋军全军覆没后，党项军纵横宋朝边关600里大肆劫掠，如入无人之境。李元昊本想乘胜攻下镇戎军，但得知宋朝派范仲淹等将领统率20余万军队赶来救援，只好先行撤兵。

1040年到1042年三年间，宋夏双方相继爆发了三川口之战、好水川之战、麟府丰之战、定川寨之战四场大战，宋朝四战皆败，西北边境主力部队损失殆尽，使得宋军在西北只能处于守势。西夏方面，四场大战的胜利使得党项人和新建立的西夏在西北地区得以稳固立足，然而，党项人在四场大战中均是以多胜少，李元昊每次出兵动辄10余万，令原本人口较少的党项承受了巨大的战争负担。四场大战中，李元昊均采取引诱宋军出击、发挥骑兵优势围歼的战术方针，也暴露出党项骑兵擅于野战、不擅攻城的特点。四场大战之后，宋仁宗严令边关严防死守，任何人不得主动出战，同时对西夏实行经济封锁，关闭榷场，禁绝贸易，尤其严禁青白盐出境。宋朝的一系列对策使得党项人不仅很难再在战场上有所收获，而且给西夏经济造成致命打击。鉴于双方战略态势，李元昊主动遣使向宋朝请和。1044年，党项与宋朝达成和议，和议内容如下：

一、西夏向宋朝称臣，李元昊取消帝号，宋朝册封李元昊为"夏国主"，赐以"夏国主印"，允许其自置百官；

二、宋夏战争中西夏占领的宋朝各州县，均从中间划界，双方各占一半；和议签订之前宋夏双方所掠兵士、百姓不再归还对方，和议签订后，双方如有人员逃亡到对方，须归还逃人；

三、宋朝每年向西夏赐予"岁币"，包括银7万两、绢15万匹、茶3万斤；除此之外，每年各种节日另赐给西夏银合计2.2万两、绢合计2.3匹、茶合计1万斤；

四、双方边境设立榷场，开放互市贸易。

宋夏之间的这一和议签订于宋仁宗庆历四年，因此史称"庆历和议"。

范仲淹《岳阳楼记》开篇写道："庆历四年春，滕子京谪守巴陵郡。"其中的滕子京就是在宋夏战争中担任守备宋朝西北重镇泾州的知州。从三川口之战到定川寨之战，宋军伤亡惨重，宋夏签订和平协议后，宋朝清算边关将领功过，据朝中官员弹劾，滕子京借抚恤阵亡将士之名，贪污公款，经好友欧阳修、范仲淹力保，才免于处刑，因而被宋仁宗从边关重镇泾州贬到内地的巴陵郡，这才有了滕子京重修岳阳楼、范仲淹作千古名篇《岳阳楼记》的典故。

宋夏签订"庆历和议"之后，并没有像契丹帝国与宋朝签订"澶渊之盟"之后那样维持了长达百余年的和平局面，随着西夏和宋朝各自国内政局的变动，宋夏之间经常爆发战争。特别是宋神宗赵顼在位期间，由于王安石变法使得宋朝财力增强，宋神宗于1081年出兵约35万，分五路进攻党项，史称"五路伐夏"，但遭受惨败，全军覆没。后经契丹帝国从中斡旋，宋夏双方才罢兵休战。

宋朝与西夏之间旷日持久的战争使得宋夏双方均损失惨重，也使得契丹帝国从中获益。早在李元昊的父亲李德明担任党项首领时，李德明就为儿子李元昊向契丹帝国求婚，促成李元昊迎娶辽圣宗耶律文殊奴的养女兴平公主为妻，并使得党项获得了契丹帝国的支持。

1042年，辽兴宗耶律只骨趁宋夏定川寨之战宋军惨败之机，遣使到宋朝索要"关南十县"。关南十县成为契丹帝国与北宋边境冲突的一个焦点问题。早在1004年，承天太后萧绰与圣宗耶律文殊奴母子御驾亲征，进攻宋朝，首先出兵攻占的就是关南十县。"澶渊之盟"时，契丹帝国与宋朝之间反复争论的焦点也是宋朝是否承认关南十县归属契丹帝国，宋朝一方虽然在关南十县问题上寸步不让，但在岁币等问题上对契丹帝国做出让步，这才使得关南十县留在了宋朝境内。1042年，辽兴宗耶律只骨趁宋朝在宋夏战争中失利之机，派遣南院宣徽使萧英、翰林学士刘六符出使宋朝，就以下四个问题向宋朝发出责问：

一、宋太祖赵匡胤不应该辅佐后周世宗柴荣夺取瓦桥关以南十县之地，破坏双方的友好关系；

二、宋太宗赵光义单方面挑起战争，多次发兵进攻契丹帝国，妄图夺取燕云十六州，实属师出不义；

三、西夏国主李元昊与契丹帝国有甥舅之亲，并且西夏早已向契丹帝国称臣，是契丹帝国的附属国，宋朝出兵西夏，事先并未告知契丹帝国，属于背弃两国盟约的行为；

四、宋朝不应在辽宋边界上增筑工事，添置边军。

契丹帝国重提关南十县问题，要求宋朝交出关南十县。宋朝一方既不舍得让出关南十县，又不愿与契丹帝国发生正面冲突。双方几经讨价还价，最后宋朝虽然拒绝交出关南十县的土地，但却允诺将关南十县的税赋交给契丹帝国。同时，宋朝许诺将每年给契丹帝国的"岁币"从30万（银10万两、绢20万匹）增至50万（银、绢各增加10万），并且改"赠岁币"为"纳岁币"，无形中降低了宋朝的地位。这一事件发生在辽兴宗重熙年间，史称"重熙增币"。

"重熙增币"之后，契丹帝国于1075年再次重提辽宋边界问题。当时在位的辽道宗耶律查剌派遣萧禧出使宋朝，要求以黄嵬山为界，重新划定契丹帝国与宋朝之间的边界。宋神宗赵顼派遣河北西路察访使、《梦溪笔谈》的作者沈括与契丹帝国交涉。沈括查阅各种档案文件、山川地图，对契丹帝国使者萧禧等人提出的边界质疑一一作答。多亏沈括据理力争，才使得契丹帝国一方作罢，放弃了重新划定辽宋边界的计划。

契丹帝国虽然趁宋夏战争之机，从宋朝索取了一定的利益，但宋夏双方达成和平协议之后，西夏就将矛头转向了契丹帝国。契丹帝国之前利用西夏牵制宋朝、扶植西夏共同对抗宋朝的计划中断。面对来自西南边陲西夏的威胁，契丹帝国不得不独自迎战，对西夏诉诸武力。

定川寨战役遗址

第四节
河曲之战：西夏与契丹帝国的剧烈冲突

1044年，西夏与宋朝签订"庆历和议"，西夏向宋朝称臣，归附宋朝，引起了契丹帝国的极大不满。宋夏之间的大规模战争暂告一段落，契丹帝国与西夏之间的矛盾就随之凸显出来。辽兴宗耶律只骨在位期间，两次御驾亲征，讨伐西夏，终于使得西夏向契丹帝国称臣，契丹帝国的西南边境得以巩固。

从李继迁到李元昊，党项三代首领均与契丹帝国交好，同时也获得了契丹帝国的大力扶持。西夏与宋朝签订"庆历和议"之后，宋夏边界大体稳固，西夏的扩张方向就从向东面宋朝方向转为向东北面契丹帝国方向扩展，这必然会侵犯契丹帝国的利益。李元昊先在契丹帝国与西夏的边境上做出试探性的举动，以窥测契丹帝国的反应。李元昊又招揽契丹帝国境内的党项部落叛逃到西夏，契丹帝国遣使索要叛逃的党项人，李元昊拒不归还。除了招揽契丹帝国境内的党项人之外，李元昊还偶尔派遣小股部队袭扰契丹帝国边境。李元昊的挑衅举动本就引起了辽兴宗耶律只骨的极大不满，契丹帝国和亲的兴平公主去世，更成为契丹帝国与西夏之间爆发战争的导火索。

早在1031年，党项就向契丹帝国请求和亲，辽圣宗耶律文殊奴将养女兴平公主许配给李元昊，并册封李元昊为驸马都尉，令他袭爵"夏国公"。辽兴宗耶律只骨即位之初，晋封李元昊为"夏国王"。野心勃勃的李元昊并不甘心做契丹帝国的一介驸马，更不甘心自己统治的西夏只做契丹帝国的附庸，因而与兴平公主夫妻关系不睦。在嫁给李元昊七年之后，即1038年，兴平公主郁郁而终。关于兴平公主的死因，在当时就流传着另一种说法：约1034年，李元昊的舅舅卫慕山喜密谋杀害李元昊，并取而代之。阴谋败露后，李元昊将卫慕山喜诛杀，并将疑似参与密谋的众多卫慕家族成员绑在巨石上沉入河底溺死。随后，李元昊手捧毒酒闯进母亲卫慕氏的寝宫，逼迫亲生母亲服毒自尽。事后，李元昊假称母亲卫慕氏不幸病逝。后来，李元昊察觉兴平公主知晓卫慕氏暴亡的内情，为了灭口，遂将兴平公主软禁至死。

得知兴平公主去世，辽兴宗耶律只骨派遣北院承旨耶律庶成到西夏质问死因，无果而回。耶律庶成回到契丹帝国上京后，向兴宗耶律只骨汇报了李元昊在丧期非但没有一丝悲戚之色，甚至继续召幸其他妃嫔。兴宗耶律只骨原本就因边境摩擦对李元昊积怨已久，听到关于兴平公主死因以及李元昊所作所为的汇报后非常气愤。于是，兴宗耶律只骨决定御驾亲征，率领10万大军攻打党项。

1044年农历十月，兴宗耶律只骨亲自率领10万大军，分北、中、南三路进攻西夏。南院枢密使萧脱古思（汉语名萧惠）率领6万主力军作为北路军，向贺兰山北麓挺进；皇太弟耶律孛吉只率领7000精锐骑兵作为南路军，在南线策应全军；东京留守萧挞不衍（汉语名萧孝友）率领3万余人马作为中路军，护卫兴宗耶律只骨的宫帐。三路大军渡过黄河，气势汹汹地攻入西夏境内，深入西夏境内400余里未遇到顽强抵抗。李元昊原本计划将党项主力左厢军秘密部署在贺兰山北麓，以逸待劳，等契丹军主力到达后围而歼之，同时部署另一路偏师在河套地区牵制敌军。萧脱古思的北路军主力到达贺兰山北麓一带时，李元昊率领左厢军突然杀出，迎战契丹大军。李元昊伏兵刚发起突袭时，略占优势，但契丹军很快反应过来，迅速稳住阵脚，并展开反攻。党项军被契丹军打得大败，只好退守贺兰山中麓。李元昊败走之后，连忙遣使向辽兴宗耶律只骨谢罪请降，辽兴宗原本倾向于接受李元昊的请和，正在犹豫之时，主将萧脱古思等人力主拒和再战。萧脱古思怂恿兴宗耶律只骨道："元昊刚刚自立，国力孱弱，我们应一鼓作气，扫平元昊，一劳永逸，免得日后再生祸患！"兴宗最终采纳了萧脱古思等人的谏言，拒绝了李元昊的和谈请求，再次挥师进攻李元昊。

面对来势汹汹的契丹大军，李元昊自知实力不足，为躲避兵锋，党项军连续向后方撤退三次，共计百余里。每次撤退时，李元昊均采取"坚壁清野"的战术，令追赶的契丹大军无法就地解决军需补给问题。李元昊专门命人烧掉撤退沿途上的草地，导致契丹军的战马没有草料，半数以上因饥饿而倒毙。李元昊不失时机地再次遣使向辽兴宗耶律只骨谢罪请降，兴宗耶律只骨召集各军将领前来商议。正当契丹帝国君臣汇聚兴宗行营商议之时，李元昊突然倾举国之兵约50万人对契丹中军发起突袭。有了上次贺兰山北麓一战的经验，契丹主将萧脱古思等人沉稳应战，迅速联络各军从党项军两翼包抄，李元昊率领的党项军力不能敌，溃败而走，契丹军紧随其后追击。不料，正当契丹军占据优势之时，忽然狂风大作，刮起了沙尘暴。契丹军处于下风向，人马均被刮得睁不开眼睛，霎时间乱作一团。党项人早已习惯了沙尘暴天气，李元昊抓住这一千载难逢的时机，顾不得整顿队形，赶忙命令党项军反攻。契丹军大败，数十名将领被俘，辽兴宗耶律只骨只带领数十名骑兵逃离战场。此次战役发生在河曲（今内蒙古自治区鄂尔多斯市一带），史称"河曲之战"。

河曲之战后，狼狈逃离战场的兴宗耶律只骨昼夜兼程，终于甩掉了党项追兵。兴宗耶律只骨一行人刚刚下马休息，兴宗身边的一位名叫罗衣轻的伶官匆匆忙忙跑到兴宗面前，问兴宗道："主上，您快摸摸，您的鼻子还在吗？"依照党项风俗，党项人在战场上俘获敌人，经常将俘虏的鼻子割掉，以示侮辱和惩罚。罗衣轻此言，是讽刺兴宗兵败，差点儿成为党项人的俘虏。因此，兴宗耶律只骨听到罗衣轻的话，暴跳如雷，当即命人将罗衣轻绑起来，并气愤地要杀掉他。皇长子耶律查剌连忙上前劝解："插科打诨的又不是黄旛绰，父皇何必与他计较呢！"黄旛绰是唐朝著名宫廷乐师，《霓裳羽衣曲》石刻的篆刻者。皇长子耶律查剌此言，是说罗衣轻不过一介插科打诨的丑角，不是什么名角，借以劝谏兴宗没必要与他计较。还没等兴宗耶律只骨回话，罗衣轻抢先一步接过话茬："插科打诨的不是黄旛绰，那领兵打仗的也不是唐太宗啊！"罗衣轻此言，意在讽刺兴宗耶律只骨的军事才能远远比不上唐太宗，才会在河曲之战中遭遇惨败。兴宗耶律只骨听罢，简直哭笑不得。因平日里罗衣轻常常用诙谐讽刺的语言对兴宗的过失加以劝谏，这次兴宗仍旧放过了罗衣轻，没有与他计较。

河曲之战使得契丹帝国吞并西夏的计划破灭，李元昊和新生的西夏政权得以在契丹帝国西南面立足。契丹帝国遭受了来自西南边陲新兴政权西夏的重创，不得不对西南边疆的安全问题倍加重视，认真筹划应对之策。

契丹金令牌

第五节
辽夏和亲：西南的平定与帝国的巩固

1044年，契丹帝国在河曲之战中败给了新兴的西夏政权，西南边境的安全受到了极大的威胁，契丹帝国的权威也遭受了挑战。为稳固西南边疆，契丹帝国做出了一系列努力。

兴宗耶律只骨兵败逃回云州之后，就在河曲之战的同一年，即1044年，将云州确立为契丹帝国的西京，命耶律仁先率军镇守。至此，契丹帝国的"五京"体制完备。其中西京大同府的设立，主要是为应对西夏、巩固西南边境所需。

1048年，西夏内部因皇位继承问题爆发了宫廷政变。因宋朝施反间计，李元昊冤杀了皇后野利氏的兄长野利遇乞。野利遇乞死后，李元昊垂涎于野利遇乞遗孀没藏氏，便将她纳入后宫，并与她生下一子。这个孩子是李元昊与没藏氏外出打猎途中行至一条河流的两岔口时出生，因此取名"李两岔"。随后，李元昊废黜了皇后野利氏，改立没藏氏为皇后。野利氏之子李宁令哥原本被李元昊立为太子，他在母亲野利氏被废黜后，一方面出于对母亲遭遇的愤愤不平，一方面出于对自身太子之位的担忧，于是在1048年闯入宫中，弑杀了父亲李元昊。李元昊遇弑当天，皇后没藏氏就在兄长没藏讹庞的帮助下杀掉太子李宁令哥，拥立自己的儿子李两岔即位为帝，史称"西夏毅宗"。李两岔即位为帝之后，其母没藏氏等人认为"两岔"这个名字过于直白，因而取"两岔"的谐音"谅祚"，李两岔正式改名为"李谅祚"。

辽兴宗耶律只骨得知西夏宫廷斗争之后，再度御驾亲征，于1049年第二次出兵进攻西夏。契丹前锋主将萧脱古思先败后胜，重挫西夏军。1050年农历五月，西夏派遣使臣，向契丹帝国称臣请降。至此，契丹帝国与西夏之间的大规模战争结束。

为笼络西夏，契丹帝国皇室多次与西夏皇室结成姻亲。西夏崇宗李乾顺在位时，李乾顺的母亲梁太后专政。在契丹帝国的支持下，梁太后与西夏崇宗李乾顺屡次进攻宋朝，颇有斩获。1098年农历十月，梁太后与西夏崇宗李乾顺率领40万大军进攻宋朝西北重镇平夏城，结果大败而归。同年农历十一月，梁太后向契丹帝国求援，希望契丹帝国出兵协助西夏再攻平夏城，被契丹帝国当时在位的道宗耶律查剌拒绝。梁太后因此怀恨在心，时常有反契丹的言论，拒绝向契丹帝国进贡。于是，辽道宗耶律查剌于1099年遣使到西夏，暗中联合反对梁太后专政的党项大臣，毒死了梁太后，扶植西夏崇宗李乾顺亲政。辽天祚帝耶律阿果即位后，将宗室女成安公主耶律南仙嫁给西夏崇宗李乾顺为皇后。1108年，耶律南仙为西夏崇宗李乾顺生下长子李仁爱，不久之后，李仁爱被西夏崇宗李乾顺立为太子。不幸的是，1125年，因契丹帝国被女真金国所灭、西夏被迫向女真金国称臣，太子李仁爱忧愤而终。同年，皇后耶律南仙因丧子之痛、亡国之恨而绝食自尽。

总体而言，虽然宋夏、辽夏之间时常爆发战事，但西夏一直谨慎周旋于契丹帝国与宋朝之间，获得了相对独立自主的地位。辽、宋、夏三足鼎立的局面维持了百余年，直到契丹帝国东北边陲的女真人崛起，辽、宋、夏并立的局面才被打破。自1050年西夏向契丹帝国称臣后，契丹帝国西南边境得以巩固。

经过了圣宗耶律文殊奴、兴宗耶律只骨两代皇帝的东征西讨，契丹帝国巩固了东、西两侧的边境，为契丹帝国的繁荣鼎盛提供了相对安定的外部条件。东征高丽、西征西夏为契丹帝国赢得了和平的发展环境，推动着契丹帝国达到鼎盛。

契丹帝国五京及皇陵

引自[日]杉山正明：《疾驰的草原征服者：辽 西夏 金 元》，乌兰、乌日娜译，桂林：广西师范大学出版社，2014年，第195页。

第六章

帝国危机：女真兴起与帝国东部失守

契丹帝国取得了对南面宋朝、东面高丽、西南面西夏的军事胜利之后，边疆得以巩固，疆域东到今日本海，西至阿尔泰山，北至额尔古纳河、外兴安岭一带，南到今河北省中部的白沟河，在中亚、西亚、东欧等地，"契丹"成为中国的代名词。然而，连年战争和统治集团内部斗争，使得契丹帝国无暇顾及治下其他部族，这就为契丹帝国东北部的女真民族崛起提供了必要条件。女真人崛起并建立了大金国，最终吞并了契丹帝国东部广大地区，灭亡了传统意义上的"辽朝"，使得契丹帝国遭遇了前所未有的危机。

第一节
太叔之乱：道宗即位与帝国由盛转衰

1055年，不到40岁的兴宗耶律只骨驾崩，皇长子耶律查剌（汉语名耶律洪基）即位，史称"辽道宗"，群臣上尊号"天福皇帝"。道宗耶律查剌对中原文化极为崇尚，曾说："吾修文物，彬彬不异于中华。"道宗耶律查剌在位46年，终年70岁，在他统治期间，契丹帝国内部经历了太叔之乱、乙辛擅权等动荡，导致契丹帝国由盛转衰。

道宗耶律查剌是兴宗耶律只骨与他的第二任皇后萧挞里所生。早在1028年，耶律只骨的父亲圣宗耶律文殊奴为时任太子的耶律只骨选定皇后萧菩萨哥的堂兄弟萧匹里之女萧三蒨为太子妃。1031年，耶律只骨即位时，册立萧三蒨为皇后。1032年，耶律只骨的生母法天太后萧耨斤铲除了耶律只骨的养母齐天太后萧菩萨哥及其家族势力，同时将萧三蒨降为贵妃。同年，法天太后萧耨斤将自己的亲弟弟萧胡独堇之女萧挞里册立为兴宗耶律只骨的皇后。萧挞里温顺宽厚，完全不像自己的姑母萧耨斤那样心狠手辣，因而受到兴宗耶律只骨的宠爱。兴宗耶律只骨生有四子二女，除了次子耶律宝信奴生母不详，其余三子二女均为皇后萧挞里所生，分别是长子耶律查剌、第三子耶律和鲁斡（汉语名不详）、第四子耶律讹里本（汉语名不详）以及长女耶律跋芹、次女耶律斡里太——契丹帝国皇子一般会同时有契丹语名字和汉语名字，皇女一般只有契丹语名字、没有汉语名字，宗室子女一般只有契丹语名字、很少有汉语名字。1055年，兴宗耶律只骨驾崩，皇长子耶律查剌以嫡长子身份即位，这次看似没有任何疑问的帝位传承，其实埋下了巨大隐患。

兴宗耶律只骨铲除法天太后萧耨斤势力时，法天太后萧耨斤的小儿子、兴宗耶律只骨的弟弟耶律孛吉只因揭发母亲萧耨斤废长立幼的阴谋有功，被兴宗耶律只骨册立为"皇太弟"，兴宗还许诺他作为自己皇位的继承人，时常给予丰厚赏赐。然而，兴宗耶律只骨却并没有将弟弟耶律孛吉只视为自己的接班人一般培养，河曲之战中讽刺兴宗耶律只骨的伶官罗衣轻，就曾机智地讽谏兴宗，不要给予皇太弟耶律孛吉只太多土地、部众。一次，兴宗耶律只骨与皇太弟耶律孛吉只一边喝酒，一边玩一种名为"双陆"的赌博游戏。兄弟二人以城邑为赌注，耶律孛吉只技高一筹，屡屡获胜，兴宗由于醉酒，兴致勃勃地一直不愿结束"双陆"游戏。眼见兴宗输给耶律孛吉只不少城邑，周围大臣、近侍虽然心急如焚，但既不敢扫了皇帝的兴致，又不敢得罪皇太弟耶律孛吉只。恰在此时，伶官罗衣轻跳了出来，故意扮作滑稽的丑角状，大声唱道："双陆啊，双陆啊，你不要再痴迷了，不然连你自己都输掉了！"兴宗耶律只骨听罢，顿时酒醒，以要回寝殿休息为由，宣布结束"双陆"游戏。此后，兴宗耶律只骨对皇太弟耶律孛吉只的权力有所限制。

与之相反，耶律只骨对自己的长子耶律查剌从幼年时就尽全力培养。耶律查剌6岁时就被册封为梁王；11岁时被册封为燕国王，总领中丞司事；12岁时晋封燕赵国王，总知北、南枢密院事，加尚书令；19岁时领北、南枢密院事；21岁时被册封为"天下兵马大元帅"，在契丹帝国的政治传统中，这一头衔相当于确立了他的皇位继承人身份，同年，耶律查剌担任"惕隐"一职，参决朝政。1055年兴宗耶律只骨驾崩后，耶律查剌受宗室贵族、文武百官拥立，顺利继承了帝位，史称"辽道宗"，其母萧挞里被尊为"宗天太后"。在这一过程中，皇太弟耶律孛吉只不仅没有提出任何异议，而且以宗室长辈、近支皇叔身份带头拥立侄子耶律查剌即位。

道宗耶律查剌即位后，册封叔叔耶律孛吉只为"皇太叔"，许诺他作为自己皇位的继承人，并加封为"天下兵马大元帅"，见皇帝时免跪拜礼，赐予金券、四顶帽及二色袍，为宗室最高礼遇。耶律孛吉只之子耶律涅鲁古担任"惕隐"一职，加封为楚王、武定军节度使，知南院枢密使事。兴宗耶律只骨在位时，第一次见到侄子耶律涅鲁古之后，就告诫皇后萧挞里："此子目有反相，你们母子一定要多加小心。"道宗耶律查剌给予耶律孛吉只、耶律涅鲁古父子的封赏越丰厚，耶律涅鲁古的权力欲就越膨胀。在儿子耶律涅鲁古的怂恿下，皇太叔耶律孛吉只渐渐悔恨自己两次与皇位失之交臂，因而有了篡位之心。

1061年，耶律涅鲁古怂恿父亲耶律孛吉只假装称病，计划待道宗耶律查剌到府上探病时弑君夺位，但没有实现。1063年，道宗耶律查剌出行途中驻跸滦河行宫，耶律涅鲁古再次怂恿父亲耶律孛吉只发动叛乱、夺取皇位。宗天太后萧挞里的亲信、敦睦宫使耶律良得知耶律孛吉只阴谋叛乱的企图，连忙密报给宗天太后萧挞里、道宗耶律查剌。起初，道宗耶律查剌并不相信耶律良的密报，甚至指责耶律良道："你是要离间我们叔侄至亲吗？"宗天太后萧挞里连忙劝说道："耶律良是两朝老臣了，又是你父皇和我一直信任的臣子，他不会说谎。先帝在世时就曾叮嘱过我，说涅鲁古目有反相，这件事关乎社稷安危，一定得早做准备！"耶律良也苦谏道："臣如果是诬告，甘领死罪，陛下如若不早加以防备，恐将陷入贼人奸计！陛下可以派人去召涅鲁古前来，如果涅鲁古不来，则证明他要造反。" 道宗耶律查剌听从耶律良的计策，派遣使者去召耶律涅鲁古前来。使者到达耶律涅鲁古帐中宣旨，耶律涅鲁古非但不奉诏去见道宗耶律查剌，反而将使者捆绑起来，扣押在帐中。使者趁守卫不备，用腰间佩刀割开绳索，并割破帐幕一角，逃出耶律涅鲁古的营地，急忙奔回道宗耶律查剌的行宫报信。

听到使者报信后，道宗耶律查剌急急忙忙要去掌握重兵的北、南院躲避。南院枢密使、许王耶律仁先连忙拦住道宗，进言道："陛下如果撇下官帐众人单独奔去北、南院，贼人必会紧随其后，那时没有了众人护卫，陛下安危难料，况且咱们还不知道北、南院大王的心思，万一他们中有人被皇太叔父子拉拢，陛下贸然前去，必定是自投罗网。"就在此时，侍从冲进帐中禀报，耶律涅鲁古、耶律孛吉只已率领一众叛军攻来。宗天太后萧挞里急命耶律仁先组织抵抗。耶律仁先指挥众人将马车排列成营垒形状，拆开"行马"（木架形路障）作为兵器发给侍从仆役们，令他们在营垒内结阵。耶律仁先亲自率领30余名骑兵在营垒外围结阵，作为官帐的第一道防线。耶律孛吉只、耶律涅鲁古父子率领叛军杀到官帐前，耶律仁先带头冲入敌阵，宗天太后萧挞里、道宗耶律查剌也亲自到帐外督战。混战中，道宗耶律查剌的手臂受伤，耶律涅鲁古被禁卫军射杀，皇太叔耶律孛吉只负伤逃走，叛军的第一番攻势被击退。

待叛军退去后，耶律仁先急忙派人去请离官帐最近的五院部萧塔剌前来增援，并分遣使者，到各处调兵平叛。第二天黎明时分，皇太叔耶律孛吉只率领叛军卷土重来，这次耶律孛吉只雇了2000余名奚族猎户，他们都是擅于射箭的神箭手，对道宗耶律查剌一方守军的杀伤力最大。宗天太后萧挞里连忙召来奚族部落的酋长，命他劝退奚族猎户。奚族酋长冒着箭雨到前线喊话，告诉奚族猎户们："你们的行为属于叛乱，如果被抓住，必会满门抄斩！不如放下武器，各自回家，皇帝和太后已经许诺，放下武器者既往不咎！"奚族猎户们原本就是受雇而来，听到自己本民族酋长的话，纷纷扔下弓箭，一哄而散。奚族猎户散去后，耶律孛吉只等一众叛军渐渐支撑不住，败退下去。耶律仁先亲率骑兵追杀20余里，皇太叔耶律孛吉只最后身边仅剩数名骑兵，一时走投无路，只好自尽。临死前，耶律孛吉只无不悔恨地说道："都是涅鲁古害我如此！"

随着耶律孛吉只、耶律涅鲁古父子被诛，叛乱得以平定。叛乱平定后，宗天太后萧挞里、道宗耶律查剌加封平叛功臣耶律仁先为尚父，晋封宋王、北院枢密使，道宗耶律查剌为他亲笔制文以示褒奖，又诏令宫廷画师绘制《滦河战图》，以表彰耶律仁先的功劳。耶律良因揭发有功，被任命为"惕隐"，出知中京留守事。

契丹瑞兽银令牌

这场叛乱因皇太叔耶律孛吉只而起，史称"太叔之乱"。"太叔之乱"是契丹帝国始终没有完善的皇位继承制度所导致的必然结果，它是契丹帝国由盛转衰的开端，对契丹帝国的政局产生了深刻影响，其中最为致命的影响，就是在《辽史》中被称为"第一奸臣"的耶律乙辛掌权。

第二节
香词案：奸臣乱政与帝国政局的崩坏

　　1063年"太叔之乱"虽然被平定，但它给契丹帝国带来了巨大震动。契丹帝国始终没有完善皇位继承制度，宗室贵族叛乱特别是近支皇族叛乱始终是契丹帝国内部的重要问题。"太叔之乱"为道宗耶律查剌敲响了警钟，"太叔之乱"后，道宗耶律查剌有意疏远近支皇族、提拔远支宗室甚至与皇族无血缘关系的大臣，这给名列《辽史》"第一奸臣"的耶律乙辛掌权提供了机会。耶律乙辛掌握朝政长达14年，其间他剪除异己、陷害忠良，制造了"十香词案"等一系列冤案，导致契丹帝国政局的崩坏。

　　耶律乙辛虽有契丹帝国皇族的"耶律"姓氏，但他出生迭剌部中的一户贫苦牧民家庭。他出生时，正赶上耶律迭剌一家在游牧途中。耶律乙辛的母亲在毡车中生下他，但因没有水为他沐浴，耶律迭剌只好准备掉转毡车，沿着原路寻找水源。毡车刚一掉头，就碾破了之前在草原上留下的车辙，恰好在土壳破裂处有泉水涌出，耶律迭剌甚为惊奇，连忙用泉水为新生儿沐浴。耶律乙辛童年时，有一天去帮父母牧羊，到太阳快要落山时仍未回家，他的父亲耶律迭剌便去寻找。耶律迭剌在距离部落较远的地方找到了儿子耶律乙辛，当时耶律乙辛正躺在草地上熟睡，身边一只羊也没有。耶律迭剌因儿子丢失了羊群而暴跳如雷，一脚踢醒了耶律乙辛，谁知耶律乙辛醒来后，没等父亲耶律迭刺开口指责，就先愤怒地指责父亲道："为什么要踢醒我？我方才梦见有人手持日月来到我面前，让我进食，我刚吃掉月亮，正准备吃掉太阳，就被你踢醒了，真是太可惜了！"耶律迭刺听后，深感惊奇，从此以后再也不让耶律乙辛牧羊，并且家里的苦活儿、累活儿一律不让耶律乙辛插手。

耶律乙辛成年后，入仕官中，最初担任文吏，因聪明机敏引起兴宗耶律只骨和皇后萧挞里的注意，兴宗夫妇见耶律乙辛举止文雅、有古代大臣的风仪，因此让他担任笔砚吏，后升迁至护卫太保。道宗耶律查刺即位之初，皇太叔耶律孛吉只为了谋权篡位，有意排挤掌握兵权的南院枢密使耶律仁先，打算将他调离上京。于是，耶律孛吉只指使同党、驸马都尉萧胡睛向道宗上奏，推荐耶律仁先担任西北路招付使，企图以此为由将耶律仁先调离上京。接到奏折后，道宗耶律查刺正准备批准时，随口询问了侍立一旁的耶律乙辛的意见。耶律乙辛随口回答道宗："臣不了解朝中之事，不熟悉治国大政，但窃以为仁先毕竟是先帝的老臣，突然离开朝廷恐有不妥。"道宗觉得耶律乙辛所言有理，便驳回了萧胡睛的奏议，耶律仁先也因此没有被排挤出朝廷。待"太叔之乱"平定后，耶律仁先作为平叛首功之臣，获有重赏，耶律乙辛也因当初保住耶律仁先地位有功，被任命为南院枢密使，并加封为赵王。

耶律乙辛担任重要职位之后，伙同北府宰相张孝杰等人，收受贿赂，卖官鬻爵，任人唯亲，打压异己，将朝廷搞得乌烟瘴气。1075年，道宗耶律查刺诏令皇太子耶律耶鲁斡（汉语名耶律浚，一些史籍中写作"耶律濬"）兼管北、南枢密院事，太子耶律耶鲁斡为人正直、法度修明，对耶律乙辛一党极为反感，而耶律乙辛为清除异己、总揽朝政，不惜制造冤案陷害太子耶律耶律耶鲁斡及其母亲、皇后萧观音。

萧观音的父亲是兴宗耶律只骨时期的重臣萧脱古思，兴宗两次亲征西夏时，萧脱古思均担任主力军统帅。道宗耶律查剌还是皇子的时候，父亲兴宗耶律只骨就为他选定了萧观音为妻。萧观音不仅相貌出众，知书达理，温柔贤淑，而且极有才华，精通诗词、音律，擅长琵琶。1055年，兴宗耶律只骨病逝，皇长子耶律查剌即位，萧观音被册立为皇后。

最初，道宗耶律查剌与皇后萧观音感情很好。一次，道宗耶律查剌率领宗室亲贵、文武百官到伏虎林围猎，围猎途中，道宗耶律查剌见旌旗蔽日、军容整肃，便请皇后萧观音以此盛况为题即兴赋诗。皇后萧观音口占一绝，即兴作《伏虎林应制》一诗，诗曰："威风万里压南邦，东去能翻鸭绿江。灵怪大千俱破胆，哪教猛虎不投降。"众人听罢无不称赞。第二天围猎时，道宗耶律查剌马前突然窜出一只猛虎，危急时刻，道宗想到昨日皇后萧观音的诗作，毫无惧色地弯弓搭箭，一箭射死猛虎。随后，道宗耶律查剌自豪地对百官说道："朕射得此虎，可谓无愧于皇后的诗！"皇后赋诗、道宗射虎的故事，一时传为佳话。除了《伏虎林应制》一诗之外，皇后萧观音还曾即兴作有《君臣同志华夷同风应制》一诗，诗曰："虞廷开盛轨，王会合奇琛。到处承天意，皆同捧日心。文章通谷蠡，声教薄鸡林。大宇看交泰，应知无古今。"以此歌颂皇帝天威、歌颂契丹帝国的盛世景象。

史籍中明确记载，道宗共一子三女，均为皇后萧观音所生，他们分别是皇太子耶律耶鲁斡、长女耶律撒葛只、次女耶律纠里、三女耶律特里。耶律耶鲁斡生于1058年，出生后深得道宗耶律查剌喜爱。1062年，时年4岁的耶律耶鲁斡就被册封为梁王；1064年，时年6岁的耶律耶鲁斡被册立为皇太子；1075年，道宗耶律查剌诏令时年17岁的皇太子耶律耶鲁斡兼管北、南枢密院事，辅佐自己处理政务。

皇太子耶律耶鲁斡兼管北、南枢密院事，大大触及了耶律乙辛一党的权位和既得利益，于是，耶律乙辛决定先扳倒耶律耶鲁斡的生母皇后萧观音，再铲除皇太子耶律耶鲁斡。道宗耶律查剌痴迷于围猎，常常因围猎而耽误朝政，皇后萧观音见状，时常对丈夫加以劝谏，使得道宗耶律查剌渐渐心生不快。耶律乙辛在宫中安插耳目，得知此事后，便在道宗耶律查剌面前挑唆，以尚武传统是契丹的立国之本为借口，诋毁皇后"忘本""舍本"。听信了耶律乙辛的谗言，道宗耶律查剌渐渐疏远皇后萧观音。皇后萧观音因而十分伤心，于是写下《回心院》十首，表达自己失宠后的心境，希望丈夫耶律查剌能幡然醒悟、夫妻重归于好。《回心院》写成后，皇后萧观音召来宫廷乐师帮助自己谱曲。耶律乙辛得知后，便借机大做文章，掀起冤狱。

皇后萧观音宫中有一名婢女，名叫单登，她原本是皇太叔耶律孛吉只府上婢女，"太叔之乱"后，被收入宫中。单登会弹筝，道宗耶律查剌曾召单登弹筝，很可能有宠幸她的想法，皇后萧观音得知后，向道宗耶律查剌进言："单登原本是叛臣家的婢女，难保她不会像春秋时的豫让那样为主报仇，陛下不可过于亲近她。"豫让是春秋时代晋国正卿智伯瑶的家臣，智伯瑶被仇家所杀之后，豫让用黑漆涂满全身，吞下炭使自己变哑，隐藏身份为主报仇，留下了"士为知己者死"的名言。皇后萧观音借用这一典故劝谏道宗耶律查剌，耶律查剌觉得皇后所言有理，从此再也没有召单登弹筝，单登也因此对皇后怀恨在心。单登的妹妹清子与耶律乙辛有染，因此单登与耶律乙辛勾结，合谋陷害皇后萧观音。

耶律乙辛命人创作出十首淫词艳曲，名为《十香词》。单登拿着《十香词》给皇后萧观音看，诓骗萧观音说是宋朝皇后所作，请萧观音手书抄写。单登怂恿皇后萧观音道："宋朝皇后的词，配上契丹皇后的字，堪称词书双绝！"皇后萧观音不知是计，于是亲笔将《十香词》抄写在彩绢上，随后又即兴写下自己创作的《怀古》一诗，诗曰："宫中只数赵家妆，败雨残云误汉王。惟有知情一片月，会窥飞燕入昭阳。"这首诗本意是表达对汉代赵飞燕失宠的同情，借以抒发自己失宠的忧郁心情。不料，皇后萧观音的这首诗被耶律乙辛一党利用。皇后的宫廷乐师中恰好有一位名叫赵惟一的乐师，耶律乙辛指使单登将皇后萧观音手抄的《十香词》与所作的《怀古》一诗呈给道宗耶律查剌，以《怀古》诗中藏有"赵""惟""一"为借口，诬告皇后萧观音与乐师赵惟一有染。道宗耶律查剌大怒，召皇后萧观音前来质问，还没等萧观音答话，盛怒之下的道宗耶律查剌随手抓起铁骨朵击打萧观音，差点儿导致萧观音当场殒命。道宗耶律查剌命耶律乙辛、张孝杰二人彻查此案，耶律乙辛、张孝杰二人将赵惟一、高长命等几位宫廷乐师逮捕，严刑拷打，致使赵惟一等人屈打成招。1075年农历十一月初三，耶律乙辛将定案结果呈报给道宗耶律查剌，道宗即刻下诏，令皇后萧观音自缢，赵惟一被凌迟处死，高长命等其余涉案人员也大多被处以死刑。皇后萧观音临终前，要求见道宗耶律查剌最后一面，道宗不允，年仅36岁的皇后萧观音含恨自缢而死。这一事件史称"十香词案"，是契丹帝国历史上的著名冤案。

皇后萧观音含冤而死，令当时人们以及后世均对她的悲惨命运给予莫大同情。时任枢密副使的萧惟信就当面怒斥耶律乙辛、张孝杰二人诬陷皇后的行为，道宗不听。"清词三大家"中的朱彝尊和纳兰性德二人，均有相关词作：朱彝尊作《咏萧观音》、纳兰性德作《齐天乐·洗妆台怀旧》，以表达对皇后萧观音的同情和怜悯。

皇后萧观音死后的第二年，即1076年，在耶律乙辛的支持下，萧观音长女耶律撒葛只的驸马、耶律乙辛的同党萧霞抹将自己的妹妹萧坦思送入宫中，她成为道宗耶律查剌的第二任皇后。耶律撒葛只因自己的丈夫萧霞抹与耶律乙辛狼狈为奸、陷害自己的母亲而悲愤欲绝，不久后郁郁而终。驸马萧霞抹追悔莫及，在痛失爱妻数月之后也抑郁而亡。萧坦思被册立为皇后的第二年，即1077年，护卫萧忽古为萧观音鸣冤，谋划刺杀耶律乙辛，结果事情败露，被捕入狱。耶律乙辛借题发挥，指使同党萧讹都斡等人诬告萧忽古与都宫使耶律撒刺、知院萧速撒等人串通，计划弑杀道宗、拥立皇太子耶律耶鲁斡登基。道宗耶律查刺命宗室耶律燕哥审讯太子耶律耶鲁斡，耶律耶鲁斡辩驳道："我身为皇太子，是未来帝位的继承者，怎么可能再谋求弑君篡位的事情呢？你应当代我禀明父皇！"耶律燕哥受到耶律乙辛指使，并没有将太子的话转告给道宗，反而向道宗称皇太子已招认篡位的计划。道宗耶律查刺大怒，将太子耶律耶鲁斡废为庶人，幽禁于上京。皇后萧观音的次女耶律纠里的驸马萧挞不也素来与太子耶律耶鲁斡亲近，因而在此案中被冤杀。同年农历十一月，耶律乙辛派遣萧达鲁古、萧撒八二人将年仅20岁的耶律耶鲁斡秘密杀害，并指使自己的同党、上京留守萧挞得向道宗谎报，称太子因病去世。道宗耶律查刺失去独子，不禁悲从中来，下诏将太子耶律耶鲁斡葬于龙门山，并传旨召见太子妃萧氏前来打算询问太子死因。耶律乙辛怕暗杀太子一事败露，于是派人先行暗杀了太子妃萧氏。

太子耶律耶鲁斡夫妇遇害时，仅留下两岁的独子耶律阿果（汉语名耶律延禧），是道宗耶律查刺仅有的皇孙。耶律乙辛害死皇后萧观音、太子耶律耶鲁斡夫妇之后，便谋划害死皇孙耶律阿果。1079年正月，道宗耶律查刺将要外出围猎，耶律乙辛上奏，以皇孙年幼为由，请道宗将皇孙留在京城。道宗刚想批准耶律乙辛所奏，同知点检萧兀纳连忙进言道："皇孙年幼，独自留在京城恐怕遭遇意外。如果陛下听从乙辛的意见，一定要将皇孙留下，那请准许臣一同留下，陪侍皇孙左右，以防意外。"道宗听罢，不由得对耶律乙辛有所怀疑，因而驳回耶律乙辛的奏请，带上皇孙耶律阿果一同前往猎场。

自此之后，道宗耶律查剌渐渐醒悟，暗中观察耶律乙辛的举动。一次，道宗巡视北方，大队人马将要抵达黑山附近时，忽然察觉到随从官吏大多殷勤地跟在耶律乙辛身后，于是开始想方设法削弱耶律乙辛手中的实权。道宗先将耶律乙辛外派到地方上去任职，趁他不在朝中之机，贬谪、罢免他在朝中的部分党羽。1081年，道宗耶律查剌查出耶律乙辛为了牟取暴利，贩卖禁物给宋朝，于是以此为由，将耶律乙辛逮捕，施以杖责之刑，并拘禁于来州。1083年，道宗又查出耶律乙辛暗中联络同党，企图逃亡宋朝，于是下诏，将耶律乙辛缢死，并为耶律乙辛一手酿成的冤假错案平反。

1101年农历正月十三日，70岁高龄的道宗耶律查剌驾崩，皇孙耶律阿果即位，群臣上尊号"天祚皇帝"，史称"辽天祚帝"。天祚帝耶律阿果继位后，追谥祖母萧观音为宣懿皇后，追尊父亲耶律耶鲁斡为大孝顺圣皇帝、庙号顺宗，追谥母亲萧氏为贞顺皇后，并将耶律乙辛、张孝杰等人开棺戮尸。契丹帝国"第一奸臣"耶律乙辛虽然受到了应有的惩罚，但他总揽朝政期间倒行逆施、酿成"十香词案"等冤假错案，导致了契丹帝国政局崩坏，为日后帝国的覆灭埋下了祸根。

契丹水晶包金舍利棺

第三节
头鱼之宴：女真的崛起与建国

道宗耶律查剌在位46年，经历了太叔之乱、耶律乙辛乱政等动荡，致使政局崩坏，契丹帝国由盛转衰。1101年，道宗耶律查剌驾崩，其孙耶律阿果即位，史称"辽天祚帝"。与祖父耶律查剌一样，天祚帝耶律阿果酷爱围猎，不理朝政，致使本就衰落的契丹帝国走向覆亡。12世纪初，契丹帝国东北边陲的女真人崛起，最终灭亡了曾经盛极一时的契丹帝国。

女真即今天的满族。关于女真族源，《金史》中记载："金之先，出靺鞨氏。靺鞨本号勿吉。勿吉，古肃慎地也。""女真"是契丹人对这一族群的称谓。辽兴宗耶律只骨即位后，因耶律只骨的汉语名为"耶律宗真"，为避皇帝名讳，"女真"在汉文典籍中就被写作"女直"。契丹帝国时期，女真人在今天中国东北地区分布广泛。从鸭绿江、长白山一带一直到黑龙江流域，分布着女真各部。契丹人将女真人分为"熟女真"和"生女真"，将南部被契丹帝国登记在册、入籍于契丹的女真部落统称为"熟女真"；将北部未入籍的女真部落统称为"生女真"。女真人生活的地区盛产人参、貂皮、名马、北珠、俊鹰、蜜蜡、麻布等，需定期、定量进贡给契丹皇室。契丹官吏和商人常以索贡为名，到榷场中用很低的价格强购上述特产，然后转运到内地和宋朝边境高价出售，从中赚取高额差价。契丹官吏和奸商甚至将这种利用特权贱买贵卖的行为戏称为"打女真"。

天祚帝耶律阿果酷爱打猎，女真人生活的地区盛产一种用于打猎的大型猛禽，名为"海东青"，被女真人称为"万鹰之神"。甚至在明朝时，《本草纲目》对海东青也有记载："雕出辽东，最俊者谓之海东青。"天祚帝耶律阿果经常派遣使者去女真部落中索取海东青作为贡品，这些使者佩戴皇帝颁发的银牌，因此被称为"银牌天使"。契丹帝国的"银牌天使"们借索取海东青为名，在女真部落中勒索财物、抢男霸女，甚至要求女真人提供妙龄女子侍寝，引起女真人的普遍仇视。

1112年春，天祚帝耶律阿果到春州视察"生女真"各部落。适逢东北地区春捕时节，即女真人每年开春第一次凿冰捕鱼的季节，天祚帝应邀参加当地的"头鱼宴"，即为庆贺开春第一次捕鱼举行的宴会。头鱼宴上酒酣之际，天祚帝耶律阿果一时兴起，令女真各部落酋长跳舞助兴。北方民族原本能歌善舞，又逢盛宴，女真各部落酋长领命纷纷起舞，不料只有完颜部酋长完颜阿骨打端坐不动，推辞说不会跳舞。天祚帝再三命令他跳舞，完颜阿骨打始终以不会跳舞来推辞，天祚帝只好作罢。过了几天，天祚帝想起这件事情，就对国舅、枢密使萧奉先说："前几天宴会上，我见阿骨打意气雄豪、端坐正视，这个人实在非同寻常，可以借口边事诛杀他，以免留有后患！"萧奉先答道："阿骨打是个粗人，不知礼仪，不必理会！况且他又没有什么大错，如果杀了他，恐怕会损害各部落对朝廷的仰慕、归化之心！即使他真有异心，一个处于弹丸之地的小部落，又能有什么作为呢！"天祚帝耶律阿果听信了萧奉先的话，于是作罢。

头鱼宴之后，女真人上书契丹朝廷，请求册封完颜阿骨打承袭"生女真诸部节度使"（为避辽兴宗汉语名耶律宗真之讳，契丹官方的汉文文件写作

"生女直诸部节度使"）一职，天祚帝耶律阿果由于痴迷围猎、怠于朝政，因而没有及时予以答复。完颜阿骨打迟迟没有收到回信，误以为是因头鱼宴上拒绝跳舞而得罪了天祚帝耶律阿果，进而误判天祚帝一定会处置自己，因此决定先下手为强，毅然起兵反叛契丹帝国。

1114年，完颜阿骨打召集女真各部落共2500人，会师于涞流河（今松花江支流拉林河）。这一年农历九月，完颜阿骨打率军攻克契丹帝国控制女真各部的前哨重镇宁江州，正式拉开了女真人反抗契丹帝国战争的序幕。

宁江州失守的消息传到契丹朝廷，天祚帝耶律阿果命令都统萧纠里、副都统萧挞不野率领步骑兵10万人围剿女真人。女真人占领宁江州的一个月后，即1114年农历十月，完颜阿骨打率军3700人到达鸭子河畔出河店（今吉林省前郭旗八郎乡塔虎城）一带扎营，与契丹军前锋萧嗣先所部7000人隔河对峙。当晚，完颜阿骨打就寝不久便突然起身，急忙集合全军将士。他对全军将士说道："我刚刚在梦中听到有人敲我额头，很急促地一连敲了三次，将我敲醒，想必是神灵示警，敦促我军速战。"于是，完颜阿骨打率领全军连夜抢渡鸭子河，向河对岸的契丹帝国前锋部队发起总攻，契丹军大败，女真人乘胜追击，夺取了契丹帝国的宾州、祥州、咸州三州，缴获金银、车马、兵器、甲帐无数。这场战役史称"出河店之战"。

1115年正月，完颜阿骨打正式称帝。完颜阿骨打对群臣说："契丹（辽）以镔铁为号，取其坚也。镔铁虽坚，终亦变坏，唯金不变不坏。"因此定国号为"大金"，女真语"谙班按春"。完颜阿骨打就是金太祖。金太祖完颜阿骨打建国后，大量吸收契丹帝国和宋朝的制度文明，并结合女真人自身的传统，建立了一系列国家制度。

完颜阿骨打首先在中央确立"勃极烈制"。"勃极烈"又写作"孛董"，是"首领、大人"之意，中原史籍中有时写作"郎君"或"郎主"，17世纪初大清帝国建立后，将其写作"贝勒"。勃极烈制是一种以少数高级核心官员共同议政的形式决定国家大政方针的制度，皇帝的权力受到各位高级核心官员的牵制，一定程度上类似集体领导制。勃极烈制既在一定程度上延续了北方游牧渔猎民族的军事民主制传统，又结合了当时女真金国的现实状况、充分考虑皇室血亲家族各支的利益分配。完颜阿骨打确定了第一批五大勃极烈的人选：完颜阿骨打本人为都勃极烈，即皇帝、可汗；完颜阿骨打的同母四弟完颜吴乞买为谙班勃极烈（女真语"谙班"意为"大的"），相当于储君、皇位继承人；完颜阿骨打的堂兄完颜撒改为国论勃极烈（女真语"国论"意为"国家"），相当于国相；完颜阿骨打的堂叔完颜辞不失为国论阿买勃极烈（女真语"阿买"意为"一"），即国相的第一助手，主管军队；完颜阿骨打的同母五弟完颜斜也为国论昃勃极烈（女真语"昃"意为"二"），即国相的第二助手，主管行政。数月后，完颜阿骨打取消自己的"都勃极烈"头衔，加入叔父完颜阿离合懑为国论移赍勃极烈（女真语"移赍"意为"三"），即国相的第三助手，主管外交。

在军事和社会组织形式上，完颜阿骨打发展完善了猛安谋克制。"猛安"相当于千户长，"谋克"相当于百户长，三百户为一"谋克"，十"谋克"为一"猛安"。女真人入主中原之后，将"猛安"一职的级别等同于知州，将"谋克"一职的级别等同于知县。猛安谋克制在一定程度上打乱了女真社会原有的血缘氏族组织形式，按户的数量来组织社会关系，促进女真社会由原始氏族社会向国家过渡；同时，猛安谋克制在一定程度上也保存了女真社会原有的血缘氏族组织形式，划分"猛安""谋克"所辖人口时，尽量考虑将同一血缘氏族的人口编进同一"猛安""谋克"，维护了女真传统社会组织中贵族阶层的利益，使得女真社会在战争时代不至于产生较大的震动。完颜阿骨打对猛安谋克制的发展完善，其总原则是适应女真金国扩张战争的现实需要。猛安谋克制的实行和完善，使得女真人"出则为兵、入则为民"，大大增强了女真人的战斗力和生产力。随着女真金国疆域的不断扩大，归附的渤海人、汉人、奚人、契丹人等人口不断增加，女真金国承袭了契丹帝国的一国多制、因俗而治的政策，将归附的奚人、契丹人等游牧渔猎民族编入猛安谋克制下的社会组织进行管理，对归附的渤海人、汉人等农耕民族，仍采用原来的州县制度管理。

完颜阿骨打仿效契丹帝国开国君主耶律阿保机取汉名的做法，给自己和兄弟子侄都取了汉语名字。完颜阿骨打给自己取汉语名字为完颜旻，给弟弟、继承人谙班勃极烈完颜吴乞买取汉语名字为完颜晟，给自己的庶长子完颜斡本取汉语名字为完颜宗干，给自己的次子、嫡长子完颜绳果取汉语名字为完颜宗峻，给弟弟完颜吴乞买的长子完颜蒲鲁虎取汉语名字为完颜宗磐。自此，女真金国历代君主、宗室诸王都有女真语名字和汉语名字。

女真人的铜镜（背面）

1119年，完颜阿骨打命宗室完颜希尹创制女真文字。完颜希尹先使用根据汉字制成的契丹文字来拼写女真语，后逐渐发明女真文字。完颜希尹等女真族学者们借鉴契丹大字和契丹小字的创立方法，先创制了女真大字，于1119年颁布施行。因创制女真文字，完颜希尹被誉为"女真仓颉"。后来在实际应用中，女真学者们逐渐创制了女真小字，于1138年金熙宗完颜合剌（汉语名完颜亶）在位时颁布施行。

　　在创立各项国家制度的同时，完颜阿骨打在军事上对契丹帝国发起一系列进攻，最终完成了对契丹帝国东部腹心地带的吞并，取代了契丹帝国在东亚的霸权地位。

第四节
辽金角逐：从护步达冈之战到四京陷落

东北边陲女真金国的建立，对契丹帝国构成了巨大的威胁。女真人战斗力极强，当时流传着"女真不满万，满万不可敌"的说法，意为女真人如果兵力达到万人以上，便可无敌于天下。1114年的出河店之战，拉开了女真金国与契丹帝国激烈角逐的序幕。此后，从护步达冈之战到四京陷落，契丹帝国在与女真金国的战争中失败，对契丹民族乃至整个东亚世界产生了巨大影响。

女真金国建立后，完颜阿骨打所要进攻的第一座契丹帝国城池就是黄龙府（今吉林省农安县）。黄龙府最早建于公元4世纪，是当时扶余（古代北方民族）的王城，契丹帝国时是东北地区重要的经济、政治、军事中心，帝国府库之一也在黄龙府。圣宗耶律文殊奴在位时，契丹帝国在黄龙府修建了农安塔，是当时东北地区著名的佛塔。黄龙府城高池深、城防设施完善，倘若强攻，很难取胜。于是，完颜阿骨打采纳女真金国著名的常胜将军完颜斡里衍（汉语名完颜娄室）的计策：围点打援。完颜阿骨打率军对黄龙府围而不攻，长达数月之久。这期间，女真军扫清外围，切断黄龙府的粮道和水源，并以逸待劳，击溃契丹援军。最后，完颜阿骨打准确把握战机，趁黄龙府粮尽援绝之际，于1115年一举攻陷黄龙府，契丹守将耶律宁仅率数骑逃脱。

女真金国攻占黄龙府的消息传到契丹朝廷，天祚帝耶律阿果十分震怒。就在黄龙府失陷的同一年，天祚帝耶律阿果率军10万御驾亲征，对外号称70万，当时女真金国只有不足2万兵力。为鼓舞士气，完颜阿骨打割破面颊，流着泪对众将士说："我带领大家起兵造反，是为了咱们女真人能够不再受契丹的欺压！契丹皇帝不肯容我，亲自率军来攻打我们，你们现在有两条路——一是跟随我拼死一战，二是把我抓起来献给契丹皇帝，杀我一家，投降契丹，或许能躲过这场灾难。"众将士听后，纷纷流着泪向完颜阿骨打跪拜，异口同声地称愿跟随完颜阿骨打一同与契丹决一死战。完颜阿骨打于是集合全军奔赴前线，抢先占据有利地形，修筑防御工事待战。

1115年农历十二月初，天祚帝耶律阿果抵达前线，投入全部兵力对女真军发起猛烈进攻，决心一战消灭新生的女真金国。契丹军依仗人多势众，夜以继日攻打，不给女真人以任何喘息时间。不料天不遂人愿，两军激战正酣之际，契丹军御营副都统耶律章奴突然率领麾下精锐骑兵脱离战场，向上京疾驰而去，致使契丹军心不稳。天祚帝耶律阿果忙派人探查，才得知耶律章奴与留守上京的皇叔魏王耶律涅里（汉语名耶律淳）的妻兄萧敌里、外甥萧延留密谋要拥立耶律涅里称帝，于是在继续进军围剿女真和回师平定叛乱之间摇摆不定，致使契丹军进攻暂缓，给了女真人以喘息之机。耶律章奴回到上京后，皇叔耶律涅里拒绝谋反，并将萧敌里、萧延留斩首，派人将二人首级火速送往前线天祚帝耶律阿果处。耶律章奴见状，率军在上京大肆抢掠一番，尽夺府库财物逃到祖州、庆州一带，纠集数万人举旗叛乱，并向上京发起进攻。天祚帝耶律阿果无奈之下只得回师救援上京，完颜阿骨打率领全军紧追不舍，两军在护步达冈决战，契丹军全军覆没，天祚帝耶律阿果在护军的保护下，一昼夜疾行500余里，才得以逃出生天。这场战役史称"护步达冈之战"，是决定契丹帝国和女真金国命运的决战。护步达冈之战后，契丹帝国再也组织不起对女真人的大规模围剿，女真金国在军事上占据主动，转守为攻。

1116年，即护步达冈之战后的第二年，女真军攻陷契丹帝国东京辽阳府。到1119年，天祚帝耶律阿果只好尝试议和，遣使册封完颜阿骨打为"东怀国皇帝"，正式承认金朝，希望与金朝划地而治。完颜阿骨打深知契丹帝国虽然军事上屡战屡败，但毕竟立国二百余年，国土广袤、人口众多，而女真金国虽然屡战屡胜，但毕竟只是占有东北一隅之地，如果双方罢兵，契丹帝国就有了恢复生机的时间。于是，完颜阿骨打断然拒绝契丹帝国的议和，对部将说："契丹屡屡战败，现在遣使求和，只是缓兵之计，我们应当速速进讨。"1120年春，完颜阿骨打率军攻打契丹帝国上京临潢府。女真军拂晓发起总攻，不到正午就攻陷了上京，契丹帝国上京留守挞不野投降，天祚帝耶律阿果逃往中京。

就在女真军步步紧逼之时，契丹帝国内部又围绕帝位继承问题爆发了宫廷斗争。

在天祚帝耶律阿果后宫中，文妃萧瑟瑟最受天祚帝宠爱。萧瑟瑟家中有姐妹三人，姐姐嫁给宗室耶律挞葛，妹妹嫁给副都统耶律余睹。早在1101年，即天祚帝刚即位的那一年，天祚帝有一天打猎回来，途经耶律挞葛府邸，于是一时兴起，进府做客，恰好遇见了来看望姐姐的萧瑟瑟。天祚帝被萧瑟瑟的容貌和气质所吸引，将她带回宫中。萧瑟瑟入宫数月仍未有正式封号，天祚帝的叔爷、道宗耶律查剌的同母弟耶律和鲁斡得知后，向天祚帝进言，劝天祚帝依礼制选聘，天祚帝这才正式册封萧瑟瑟为文妃。文妃萧瑟瑟为天祚帝生有一子一女，分别是儿子耶律敖卢斡和女儿耶律余里衍。由于母亲萧瑟瑟得宠，耶律敖卢斡在大约三岁时就被册封为晋王。晋王耶律敖卢斡为人宽厚善良，一次，耶律敖卢斡在宫中看到内侍茶剌正在偏殿偷偷看书，当时宫中规定不准内侍读书，耶律敖卢斡见远处有人走来，于是抢过茶剌的书假装自己正在读。待来人走后，耶律敖卢斡偷偷将书还给茶剌，还嘱咐他以后读书时小心不要被人发现。渐渐地，耶律敖卢斡在众人心目中颇有人望。

耶律敖卢斡深得人心，无形中触动了枢密使萧奉先一家的利益。枢密使萧奉先有两个妹妹，均选入宫中，年龄稍长的萧夺里懒被册立为皇后，年龄稍小的萧贵哥被册封为元妃。元妃萧贵哥为天祚帝耶律阿果生有三子三女，分别是天祚帝的次子耶律雅里（后封为梁王）、第五子耶律定（后封为秦王）、第六子耶律宁（后封为许王）以及天祚帝的第四女耶律斡里衍、第五女耶律大奥野、第六女耶律次奥野。皇后萧夺里懒和元妃萧贵哥二人均为人宽和、性格沉静寡言，上京失陷后，姐妹二人随天祚帝耶律阿果逃到西京，到达西京不久之后，姐妹二人均因病去世。她们的兄长、枢密使萧奉先为人狡诈，完全不像两个妹妹一样宽和，萧奉先看到两个妹妹去世、文妃萧瑟瑟母子受宠，怕将来文妃之子晋王耶律敖卢斡会威胁到自己外甥的帝位继承权，于是千方百计地谋害文妃萧瑟瑟、晋王耶律敖卢斡母子。文妃萧瑟瑟看到契丹帝国江河日下、丈夫天祚帝因沉迷狩猎而怠于朝政，时而作歌讽谏天祚帝，其中有两首歌流传于世，其一曰："勿嗟塞上兮暗红尘，勿伤多难兮畏夷人。不如塞奸邪之路兮，选取贤臣。直须卧薪尝胆兮，激壮士之捐身。可以朝清漠北兮，夕枕燕云。"其二曰："丞相来朝兮剑佩鸣，千官侧目兮寂无声。养成外患兮嗟何及，祸尽忠臣兮罚不明。亲戚并居兮藩屏位，私门潜畜兮爪牙兵。可怜往代兮秦天子，犹向宫中兮望太平！"天祚帝耶律阿果读罢，本就心生不快，萧奉先抓住时机在一旁挑唆，致使天祚帝渐渐疏远了文妃萧瑟瑟。1121年农历正月，萧奉先抓住前线兵败的时机，联合同党诬陷文妃萧瑟瑟与姐夫耶律挞葛、妹夫耶律余睹串通谋反，伺机逼天祚帝退位，拥立晋王耶律敖卢斡为帝。天祚帝耶律阿果不经调查，就下旨将文妃萧瑟瑟及其姐夫耶律挞葛一家、妹夫耶律余睹一家赐死。文妃萧瑟瑟的悲惨命运，获得了后世的广泛同情。清代学者谢蕴山曾写有两首诗来追思文妃萧瑟瑟，其一曰："洗妆楼旁旧莲池，金缕香残补十眉。谏猎一书陈永巷，霜飞白练结相思。"其二曰："瑟瑟伤时悯直臣，燕云夕枕暗红尘。白头官监谈遗事，芳草萋萋废苑春。"

文妃萧瑟瑟的妹夫耶律余睹因在外征战，得到消息后为免遭陷害，率部下投降了金太祖完颜阿骨打。耶律余睹投降，使得女真金国了解到了很多关于契丹帝国的军事、政治情报，更使得契丹帝国雪上加霜。耶律余睹被金太祖完颜阿骨打任命为先锋，攻打契丹帝国州县，萧奉先又向天祚帝耶律阿果进谗言道："余睹也是契丹贵族，一定没有灭亡我朝之心，他所图的，无非是率军拥立自己的外甥、晋王敖卢斡为帝。陛下如果能够舍弃一子，赐死晋王，余睹的希望落空，也就不战自退了。"昏聩的天祚帝耶律阿果竟真的听信了萧奉先的谗言，下诏赐死晋王耶律敖卢斡。有人将这一消息事先密告晋王耶律敖卢斡，耶律敖卢斡左右侍从劝他赶快逃走，耶律敖卢斡断然拒绝道："我怎能为了保全自己卑微的性命，而丧失掉作为臣子的大节？"于是，晋王耶律敖卢斡被缢死，年仅二十岁。

在契丹帝国与女真金国的角逐中，契丹帝国不仅在军事上屡屡败绩，而且由于内部权力斗争，在政治上也落于下风。文妃萧瑟瑟母子遇害、耶律余睹投降女真金国的第二年，即1122年，女真军攻占了契丹帝国的中京大定府。同年，女真军攻占了契丹帝国的西京大同府，天祚帝耶律阿果逃入夹山。天祚帝放弃西京、逃亡夹山之前，终于有所醒悟，于是在临行前对枢密使萧奉先说："都是你误朕，才使得朕走到今天这步田地，就算杀掉你又有什么益处？你走吧，不要再跟随朕了！你如果跟着朕，万一将士们对你愤恨恼怒，半路闹出什么乱子，必然连累于我！"天祚帝走后，萧奉先逃出西京，被女真军俘虏。女真人杀

契丹文钱币

死萧奉先的长子萧昂，并押送萧奉先及其次子萧昱去见完颜阿骨打。押送途中，萧奉先、萧昱父子被契丹兵救下，送到辽天祚帝耶律阿果面前，天祚帝刚从西京逃出不久，见到萧奉先不由得心生愤恨，下旨将萧奉先、萧昱父子诛杀。萧奉先一党虽然最终被天祚帝耶律阿果铲除，但他们把持朝政期间屡次掀起冤狱、残害忠良，给整个契丹帝国带来了莫大的灾难，导致契丹帝国在与女真金国的角逐中，无论军事上还是政治上均落于下风，进而促使契丹帝国滑向崩溃和覆灭的深渊。

至女真军攻占西京为止，契丹帝国五京中的四京已悉数被女真金国占领，女真骑兵勒马阴山，只等盟友宋朝前来夺取契丹帝国的南京析津府。

第五节
海上之盟：宋金夹击下的契丹帝国

从护步达冈之战到契丹帝国东京、上京、中京、西京相继陷落，契丹帝国的东部半壁江山几乎均被女真金国占据。契丹帝国五京中仅剩南京还没有被攻陷，1122年，女真军占领契丹帝国西京之后，勒马阴山，按约等待盟友宋朝前来攻占契丹帝国的南京。

女真金国在对契丹帝国作战的同时，积极与契丹帝国南面的宋朝联络，相约夹攻契丹帝国。早在1111年，宋朝的徽宗皇帝赵佶派遣郑允中、童贯出使契丹帝国，出生于燕云十六州的契丹大臣马植趁机深夜拜访宋朝的枢密使童贯，献上联合女真人消灭契丹帝国的计策，童贯出使回朝后，将马植的计策报告给宋徽宗，宋徽宗大为赞赏。此后，宋徽宗多次遣使从山东半岛渡海到辽东半岛联络女真人，女真人亦数次遣使到宋朝商议灭亡契丹帝国之策。1120年，宋徽宗赵佶再次遣使从山东半岛渡海到辽东半岛，与新生的女真金国签订"海上之盟"。双方约定夹攻契丹帝国，待灭亡契丹帝国后，宋朝将每年给契丹的50万"岁币"转赠给女真金国，金国答应宋朝收回燕云十六州。根据协议，契丹帝国的南京析津府（即幽州）由宋朝军队来攻取。

宋徽宗赵佶与金太祖完颜阿骨打签订"海上之盟"前后，宋朝朝廷中就不断有反对声音，高丽国王甚至遣使专程到达宋朝首都汴京，提醒宋徽宗道："辽宋为兄弟之国，存之可以安边；金为虎狼之国，不可交也！"宋朝使臣渡海跋涉、见到金太祖完颜阿骨时，女真军正在攻打契丹帝国的上京，宋朝使臣目睹了契丹帝国上京仅约半天时间就沦陷的惨景，更是见识了女真军队的强大战斗力。当时就有出使女真金国的宋朝大臣向宋徽宗汇报，称女真人"人如虎，马如龙，上山如猿，下水如獭"，劝谏宋徽宗不要小觑女真人的战斗力。但宋徽宗听不进任何反对声音，打着"念旧民涂炭之苦，复中国往昔之疆，成祖宗未尽之业"的旗号，执意出兵北上，进攻契丹帝国的南京。

在契丹帝国一方，天祚帝耶律阿果逃入夹山后，不见踪影，留守南京析津府的契丹文武百官为挽救危局，于1122年在南京析津府拥立天祚帝耶律阿果的皇叔耶律涅里为帝，上尊号天锡皇帝。耶律涅里是兴宗耶律只骨之孙、兴宗次子耶律和鲁斡之子，自幼由祖母宗天太后萧挞里抚养。道宗耶律查刺的独生子耶律耶鲁斡被奸臣耶律乙辛害死后，道宗曾经一度想立侄子耶律涅里为皇位继承人，因有皇孙耶律阿果在世，没有选定耶律涅里。1115年，护步达冈之战时，契丹军御营副都统耶律章奴私自率领本部人马脱离战场，奔回上京，欲拥立耶律涅里为帝，取代天祚帝耶律阿果，但耶律涅里拒绝谋反，致使耶律章奴等人计划破产。天祚帝为表彰耶律涅里的忠心，晋封他为秦晋国王。1122年，女真金国攻占了契丹帝国五京中的四京，天祚帝耶律阿果逃入夹山，不知去向，南面的宋朝挥师来攻契丹帝国南京，值此危急时刻，留守南京的契丹文武百官及南京军民一致推举耶律涅里即位，以统率诸军、安定民心。为了与传统意义上的契丹帝国（辽朝）相区别，这个在契丹帝国南京析津府临时建立起来的政权在历史上被称为"北辽"，天锡皇帝耶律涅里史称"辽宣宗"，亦称"北辽宣宗"。

耶律涅里登基仅一个月后，宋徽宗根据"海上之盟"，任命宦官童贯为宣抚使，率军20万（一些史籍中记载为15万）来攻契丹帝国南京。童贯是宋徽宗年间著名奸臣，作为宋徽宗最为信任的宦官，童贯领枢密院事，掌握北宋军权20余年，权倾朝野。童贯与蔡京、王黼、梁师成、朱勔、李彦并称"六贼"，时人称呼宋朝宰相蔡京为"公相"，称呼童贯为"媪相"，以示嘲讽，同时也反映出童贯权势极大，能够与宰相比肩。1122年，宋徽宗诏令童贯率军攻打契丹帝国南京，童贯根本没有领兵才能，故而万分忧心。经手下幕僚建议，童贯决定尝试"不战而屈人之兵"，派遣有着出使女真金国经验的马扩出使契丹帝国，妄图劝降耶律涅里和南京守军。

马扩字子充，狄道（今甘肃省定西市临洮县）人，1118年考取武举。1120年农历九月，马扩奉命出使女真金国。金太祖完颜阿骨打有意试探宋朝使者，于是邀请马扩一同围猎。围猎前，金太祖完颜阿骨打暗中吩咐诸将，待猎物出现时，金国兵将不许射杀，一定要等马扩等宋朝使者先射。围猎刚一开始，一只黄獐突然窜出，女真金国将士还没反应过来，马扩纵马上前，弯弓搭箭，一箭射死黄獐。金太祖完颜阿骨打连连称赞，不仅赐予马扩貂裘、锦袍、犀带等七件礼物，而且赐予马扩"也力麻立"称号，女真语意为"善射者"。

马扩率使团到达契丹帝国南京，耶律涅里诏令"林牙"（契丹官职，相当于翰林）耶律大石（汉语名耶律重德）与马扩谈判。耶律大石见到马扩一行，便质问道："自澶渊之盟后，两国已通好百余年，如今你们为什么要背弃盟约，联合女真人来攻打我们？"马扩回避开争夺燕云十六州这一实质目的，辩解道："我们出兵并非应金人之约，而是贵朝天祚皇帝尚在，你们却另立新君，故而我朝代天祚皇帝向尔等兴师问罪！况且，金人已经夺取阴山以北之地，马上就要来进攻燕地（指幽州一带），为避免生灵涂炭，故而我朝发兵来救燕地。"耶律大石又质问道："河西家（指西夏）屡次上表本朝皇帝，与本朝约定夹攻你们。本朝从未见利忘义，每次都将表章封存好，遣使送交贵朝。然而，贵朝如今仅因女真人的一句许诺，就要出兵攻打我朝，是何道理？"马扩辩解道："夏国（指西夏）虽然屡有不逊之言，但数十年来未曾侵占我朝寸土，金人则不同，故而大宋兴兵，不仅是为救燕地，而且是为巩固边疆。"随后，马扩又陈明此次出使的目的是招降幽州百官，耶律大石见已无和谈可能，便对马扩说："两国交兵，不斩来使。本朝不会为难您，您吃过饭就可以回去，请您转告您家主帅——欲和则仍旧和，不欲和则请出兵见阵，大暑热，毋令诸军徒苦！"

马扩回营复命，童贯见没有招降的可能，便只好号令全军进攻。耶律涅里任命耶律大石为南京最高军事统帅，率领约2万契丹残余力量抵抗宋军。1122年农历五月底，杨可世率领的宋军先锋部队在白沟河一带与契丹军遭遇，杨可世败下阵来。恰逢宋军主将种师道率领主力部队赶到，于是宋军重整旗鼓，再度向契丹军发起进攻。展开进攻前，杨可世手持令旗率先到达两军阵前，意欲招降耶律大石。耶律大石将杨可世手中令旗斩断，挥师迎战宋军。两军在兰甸沟、白沟河一带展开激战，宋军惨败，几乎全军覆没。种师道狼狈撤军，杨可世在乱军中跌下马来，幸亏部将舍命相救，才得以生还。兵败后，童贯将责任完全推给种师道，种师道因此被免职。

同年农历六月二十四日，耶律涅里病故，终年60岁，其妻德妃萧普贤女摄政，遥尊辽天祚帝第五子、同样不知去向的耶律定为帝。宋朝趁此时机，发兵10余万再次来攻幽州，仍由宦官童贯担任统帅。同时，宋朝起用西军将领刘延庆为主将，取代种师道，协助童贯指挥全军。宋军计划在幽州城外以主力军牵制耶律大石率领的契丹主力军，由契丹降将郭药师率领6000骑兵偷袭幽州，待攻取幽州之后，内外夹击，消灭耶律大石所部。开战之初，郭药师趁契丹军防守空虚之机，率领骑兵攻进幽州外城。宋军进城后，大肆烧杀抢掠，忽视了守卫城门。萧普贤女一面组织城内守备部队与宋军展开巷战，一面派人飞马禀报耶律大石。耶律大石得到宋军攻进幽州的消息后，率领骑兵迅速回援，收复了幽州外城，郭药师仅率数百名骑兵逃出生天。此时，契丹将领萧干率领轻骑兵迂回到宋军背后，切断宋军粮道。宋军攻打幽州的前锋部队败溃下来，粮道又被切断，导致全军军心大乱。耶律大石命令各路兵马趁势发起总攻，宋军不敌契丹军攻势，丢弃营地、辎重，四散奔逃，自相踩踏而死者、落水溺死者无数，又一次几乎全军覆没。

宋军实在无力攻打幽州，只得请求女真金国帮助。1122年末，完颜阿骨打亲自率军进攻幽州城。萧普贤女五次上表女真金国，称北辽愿当女真金国的附属国，均未得到金太祖完颜阿骨打应允。女真军先锋即将抵达幽州西北门户居庸关之时，居庸关一带发生山崩，驻守居庸关的契丹军，或遇难、或逃亡，女真军顺利攻占了居庸关。耶律大石见幽州城无法坚守，于是建议萧普贤女放弃幽州城，到夹山去寻找天祚帝耶律阿果。萧普贤女见大势已去，只得应允耶律大石所奏，在幽州城被女真军攻陷前夕出逃，向西寻找天祚帝耶律阿果。萧普贤女、耶律大石一行出逃后，女真军攻占了契丹帝国南京，至此，契丹帝国的五京全部被女真金国攻占。

攻占幽州后，女真金国向宋朝索要100万贯赎城费，才肯将幽州等地移交宋朝。1123年农历四月，女真金国将燕云

契丹铜腰牌

十六州中的幽州及其所属九州中的西部六州二十四县移交给宋朝，但这一地区大部分居民已被女真金国掳走，官仓民宅也大多被女真军洗劫一空，宋朝得到的不过是"城市丘墟、狐狸穴处"。而契丹帝国一方，虽然两次击败宋军，但仍难逃丧失南京析津府的厄运。

第六节
天祚失国：帝国心腹地带的丧失

到1122年末，契丹帝国五京皆失陷，整个帝国东部最为富庶的腹心地带被女真金国吞并，躲在夹山深处的天祚帝耶律阿果只能作困兽之斗，曾经的契丹帝国再无力回天，最终走向覆亡。

契丹帝国南京析津府被女真金国攻占前夕，耶律大石等人护卫萧普贤女向西逃亡，去寻找藏匿于夹山中的天祚帝耶律阿果。经过艰难跋涉，耶律大石一行人终于找到了天祚帝，天祚帝首先以谋反罪处斩了萧普贤女，将已经病故的耶律涅里贬为庶人、从宗室谱籍中除名，继而要追究耶律大石参与另立皇帝之罪。耶律大石慷慨陈词，为自己辩护："陛下您不去抗击敌人，反而抛弃了国家，远远逃遁到这里，致使百官找不到主人、百姓深受战乱之苦！我们即使拥立十位涅里为帝，也都是太祖的子孙，岂不是远比投降敌人、去乞求敌人来宽宥性命要好？"耶律大石所言令天祚帝耶律阿果无言以对，天祚帝连忙赐给耶律大石酒食，并免其罪。耶律大石从此也获得了天祚帝重用。此时，契丹帝国北部、西北部一些部落的援兵赶到夹山一带，各地被女真军打败的散兵游勇也聚集起来。耶律大石建议天祚帝耶律阿果向西北方向撤退，"养兵待时"，徐图东山再起。天祚帝经过连年败仗、五京皆失陷，十分悲愤，断然拒绝了耶律大石的谏言，决定全军出夹山，与女真军主力从速决战，收复失地。天祚帝耶律阿果的冒进，使得自己和契丹帝国仅存的有生力量暴露在女真人面前。此时女真金国士气正盛，天祚帝耶律阿果连遭败仗，连耶律大石本人也一度被女真军俘虏。

耶律大石被俘后，受尽折磨。女真军将他绑在马后拖行，以此来折磨、羞辱耶律大石。女真军强迫耶律大石充当向导，带领女真军寻找天祚帝耶律阿果在夹山中的藏身之处。耶律大石被迫为女真人指路，金太祖完颜阿骨打的次子完颜斡离不率领1万余轻骑兵偷袭天祚帝耶律阿果在夹山中的青冢大营。恰好此时天祚帝耶律阿果外出，不在青冢大营，女真军一举俘获了天祚帝耶律阿果的众多后妃、子女以及宗室贵族、文武重臣。天祚帝的第五子秦王耶律定、第六子许王耶律宁以及次女耶律骨欲、第三女耶律余里衍、第四女耶律斡里衍、第五女耶律大奥野、第六女耶律次奥野均被女真人俘虏，只有天祚帝的次子梁王耶律雅里、长女耶律牙不里在乱军中逃出生天。天祚帝耶律阿果外出归来，见到青冢大营一片惨状，气愤至极，率领5000名骑兵追击女真军，结果被女真军击败，几乎全军覆没，天祚帝第四子赵王耶律习泥烈也被女真军俘获，天祚帝仅带领数名亲随逃回夹山老营。

完颜斡离不大胜而归，耶律大石因指路有功，受到女真人的优待。耶律大石被安排在完颜粘罕（汉语名完颜宗翰）帐下效力，完颜粘罕还赐予耶律大石一名女真女子为妻。耶律大石时时不忘逃出女真军营，于是成功地说服了自己的女真妻子，掩护自己趁女真兵卒看守松懈之机逃脱。耶律大石逃回夹山，找到天祚帝耶律阿果。天祚帝对耶律大石曾为女真军指路一事一无所知，见耶律大石归来，非常高兴，给予他丰厚赏赐。

1124年冬，天祚帝耶律阿果不顾耶律大石等人劝阻，率领各地聚拢来的残余部队杀出夹山，南下武州（今山西省神池县），试图从女真金国手中

契丹文哀册

收复山西州县，却被女真军击败，几乎全军覆没。天祚帝只好经天德军（今内蒙古自治区呼和浩特市东）穿越沙漠，向西逃往西夏。逃亡路上，天祚帝一行断粮缺水，只好靠冰雪充饥。1125年，天祚帝耶律阿果在逃往西夏的途中，被女真金国著名的常胜将军完颜斡里衍率领的轻骑兵追上俘虏，押往金国上京会宁府（今黑龙江省阿城南）。据二十四史中的《辽史》记载，天祚帝耶律阿果被俘三年后，于1128年病逝。而在《大宋宣和遗事》中，却记载了天祚帝之死的另一个版本：1156年，金国皇帝完颜亮举行马球比赛，命令天祚帝耶律阿果和靖康之变中被女真金国俘虏的宋钦宗赵桓一起参加。宋钦宗不习马术，从马上跌落下来被女真人乱马践踏而死，时年81岁的天祚帝耶律阿果趁女真人不备，夺过一名女真兵士的弓箭，射死几名女真兵士，纵马试图冲出围场逃命，被女真人乱箭射死。

　　天祚帝耶律阿果被俘，标志着传统意义上的契丹帝国覆亡。耶律大石在天祚帝出夹山进攻武州之前，率领200余名亲随离开天祚帝，踏上了漫长的西征之路，为在遥远的西域重建契丹帝国保存了火种，开启了契丹帝国历史的崭新篇章。

第七章 ミ 西域称雄：契丹西征与帝国余晖

在传统意义上的契丹帝国覆亡前夕，耶律大石率领200余名亲随离开天
祚帝，踏上漫长的西征之路，终于抵达西域并在那里重建了契丹帝国，史称
"喀喇契丹"，又称"西辽"。自此，契丹帝国的历史在遥远的西域开启了
新的篇章。

第一节
大石西征：契丹帝国的最后希望

1124年夏季，契丹帝国北部、西北部一些部落的援兵赶到天祚帝耶律阿果藏身的夹山一带，各地被女真军打败的散兵游勇也聚集起来，重新燃起了天祚帝收复失地、击败女真金国的希望。天祚帝耶律阿果不顾耶律大石等人的强烈反对，率领全军出夹山，主动寻找女真军主力决战，结果全军覆没，兵败被俘。就在天祚帝耶律阿果率领全军出夹山与女真军决战的前夜，耶律大石趁夜杀掉天祚帝耶律阿果派来监视自己的两名将领萧乙薛和坡里括，率领200余名亲随逃出生天，向西北方向转移，以图保存实力、东山再起。

耶律大石西征的第一站，就是西北镇州的可敦城。"可敦"是北方民族语言中"皇后"之意，可敦城即今蒙古国布尔干省青托罗盖古城，初建于回鹘汗国时期，是回鹘可汗的牙帐所在。1003年，承天太后萧绰和圣宗耶律文殊奴派遣官吏在原回鹘王城附近开始修建可敦城。1004年，即契丹帝国与宋朝签订"澶渊之盟"的那一年，承天太后萧绰调遣诸部落骑兵共2万人驻守可敦城，并迁徙渤海人、汉人700户到可敦城屯垦。1011年，契丹帝国设置西北路招讨司一职，驻地就在可敦城。可敦城地处西北大漠深处，既可以作为契丹帝国战略后备军的驻地，又可以作为契丹帝国向中亚扩张势力范围的前哨基地。承天太后萧绰和圣宗耶律文殊奴颁布相关律令，明令规定驻守可敦城的2万骑兵是帝国的总预备队，不到万不得已不允许任何人调动。耶律大石寄希望于得到可敦城的生力军，于是率领仅剩的200余名亲随去寻找远在数千里外大漠深处的可敦城。

耶律大石一行翻越大青山，渡过黑水，到达白鞑靼部。白鞑靼部首领床古儿热情款待耶律大石一行，并赠送400匹骏马、20头骆驼、若干只羊。耶律大石一行翻越大漠，到达可敦城。据传闻，在耶律大石到达可敦城之前，天祚帝耶律阿果的次子耶律雅里曾到过可敦城一带，被拥立为皇帝，但耶律雅里爱好打猎。1123年农历十月，耶律雅里在查剌山打猎，一天之内猎获了40只黄羊和21匹狼，但耶律雅里本人也因打猎劳累过度，一病不起，几天后便病逝了，终年30岁。耶律大石在可敦城召集契丹帝国西北的七州十八部会盟，七州包括威武州、崇德州、会蕃州、新州、大林州、紫河州、驼州；十八部包括大黄室韦部、敌剌部、王纪剌部、茶赤剌部、也喜部、鼻古德部、尼剌部、达剌乖部、达密里部、密儿纪部、合主部、乌古里部、阻卜部、普速完部、唐古部、忽母思部、奚部、纠而毕部。耶律大石对七州十八部的首领慷慨陈词："我契丹列祖列宗创业维艰，历经九代二百余年，金国人作为臣属，逼迫我国家社稷、残杀我黎民百姓、毁灭我城池州邑，使得我们的皇帝（天祚帝耶律阿果）蒙尘逃难在外，想到这些，我日夜痛心疾首！我现在仗义西行，希望集合众蕃部的力量，剪灭我们的仇敌、恢复我们的疆土，你们众人之中想必也有顾念国家存亡、忧虑社稷安危、希望共同拯救君父、拯救黎民百姓于苦海之中的人吧！"七州十八部首领一致拥护耶律大石，共谋重建契丹帝国。耶律大石设置南北官署，仍然遥尊辽天祚帝为君主。

从1125年到1130年，耶律大石在可敦城经营五年，积聚力量，休养生息，并积极联络鞑靼、西夏，以图共同抗击女真金国。此时女真金国已经与南面的宋朝反目，正忙于对宋朝的战争，无暇西顾，因此对耶律大石采取守势。在耶律大石的影响下，鞑靼甚至一度拒绝向女真金国供应战马。1130年，金太宗完颜吴乞买派遣契丹帝国降将耶律余睹率领1万名精锐骑兵攻打可敦城，但由于后勤补给供应不上，耶律余睹的远征军没能到达可敦城就返回金国境内。经过一番精心准备，耶律余睹率领2万余名骑兵、10万余匹战马再次试图翻越大漠，攻打可敦城，被契丹军击败。一番大战过后，耶律大石意识到，眼下消灭女真金国的先遣部队不难，但是可敦城毕竟地处大漠深处，周围人口、资源有限，要以可敦城为中心长期发展则非常困难。因此，耶律大石决定率领主力军继续西征，并将可敦城留作向东收复祖地的前沿阵地，留下一支偏师驻守。耶律大石离开可敦城后，女真金国先后于1135年、1156年两度攻打可敦城，均被契丹守军击退。

约1130年至1131年，耶律大石杀白马青牛祭祀天地祖先，率领主力部队离开可敦城，继续西征。耶律大石一行穿越阿尔泰山，到达今天中国新疆额敏县一带，在额敏河畔修筑起一座叶密立城，周围草原游牧部族纷纷来投奔耶律大石。1132年农历三月，耶律大石在部下和各

耶律大石西征

部族首领的拥戴下称汗，号"菊儿汗"（一些中国史籍中又译为"古儿汗"或"葛儿汗"），意为"众汗之汗"，喀喇契丹正式建立，杉山正明等一些学者亦将其称为"第二契丹帝国"。在中国史籍中，耶律大石建立的喀喇契丹又被称为"西辽"，耶律大石又被称为"辽德宗"。

第二节
河中争锋：卡特万草原战役与立足西域

喀喇契丹建立后，耶律大石主要面临的是西域各国、各种势力对新生的喀喇契丹的威胁。通过十余年的征战，耶律大石终于降服了西域各国、各种势力，建立了以河中地区为中心、囊括中亚和西亚的广袤帝国，延续了契丹帝国的国祚，将中华文明的辉煌成果传播到遥远的中亚、西亚地区。

喀喇契丹以河中地区为中心发展壮大。所谓"河中地区"，是指中亚锡尔河流域、阿姆河流域、泽拉夫尚河流域一带，大致包括今乌兹别克斯坦全境、哈萨克斯坦西南部，中国古代典籍中将这一地区称为"河中"。河中地区自公元前6世纪波斯帝国时代起，就是沟通东西方世界的桥梁，后逐渐成为草原丝绸之路的枢纽。正是由于其重要的地理位置，河中地区在两千余年来一直是多民族、多种文化、多种文明角逐与交融的舞台。

在喀喇契丹建立的同一年，即1132年，耶律大石就设法拉拢东南方向的高昌回鹘。高昌回鹘又称"西州回鹘"，是中国北方游牧民族回鹘人建立的政权。契丹人与回鹘人渊源颇深，契丹帝国开创者耶律阿保机的妻子述律月里朵及其所在的述律家族，就是回鹘人的后裔。回鹘最初在汉文史籍中写作"回纥"。788年，回鹘汗国第四任可汗顿莫贺达干上书唐德宗，请求将本族名称的汉文译文写作"回鹘"二字，一方面因"回鹘"二字更符合回鹘语的发音，另一方面也取"回旋轻捷如鹘"之意。回鹘是漠北九姓铁勒的一支，其先祖出自匈奴部族。回鹘部族最早隶属于突厥汗国。6世纪末至7世纪初，草原游牧民族铁勒中的一部袁纥部游牧于伊犁河、鄂尔浑河和色楞格河流域，因反抗突厥汗国的压迫，袁纥部联合仆骨部、浑部、拔野古部、同罗部、思结部、契苾部等游牧部落成立了部落联盟，总称"回鹘"。袁纥部首领时健被推举为回鹘部落联盟的领袖，在色楞格河畔建立领袖的牙帐。646年，唐朝在回鹘领地分置六府七州，册封回鹘首领吐迷度为瀚海都督府都督，子孙世袭。744年，回鹘首领骨力裴罗占据突厥故地，自立为可汗，号"骨咄禄阙毗伽可汗"，正式建立回鹘汗国，置牙帐于乌德鞬山（今杭爱山北山）。回鹘汗国极盛时东起今天的额尔古纳河流域，西至金山（即阿尔泰山），南跨大漠，北至今天的西伯利亚地区。回鹘汗国境内所辖草原游牧部族众多，契丹人就曾是回鹘汗国的属民，史籍记载："契丹旧为回纥牧羊，鞑靼旧为回纥牧牛。"回鹘汗国覆灭后，回鹘贵族于9世纪中叶建立高昌回鹘，以高昌城（今新疆吐鲁番市高昌古城）为首都，下辖今天中国新疆东部广大领土，北至阿术河（今新疆北部阿察果勒河），南至酒泉（今甘肃省酒泉市），东至兀敦甲石哈（今新疆哈密市东乌纳格什湖），西至西蕃（今天山南麓广大地区）。早在10世纪下半叶至11世纪时，高昌回鹘就依附于契丹帝国，曾多次遣使向契丹帝国进贡。高昌回鹘受中华文明影响极深，11世纪时出使高昌回鹘的契丹使者，就曾感叹："高敞（昌）本汉土。"高昌回鹘崇尚佛教，其境内有50余座佛寺，分别藏有《大藏经》《唐韵》《玉篇》《经音》等典籍。1132年，耶律大石写信给高昌回鹘可汗毕勒哥，申明高昌回鹘原本就曾多次遣使向契丹帝国朝贡，希望高昌回鹘能归顺喀喇契丹。毕勒哥接到书信时，耶律大石率领的喀喇契丹大军已然抵达高昌回鹘的首都高昌城下。毕勒哥登上城楼，远远望见喀喇契丹大军军容严整、旌旗蔽日，于是，毕勒哥下令打开高昌城四门，恭敬地迎接耶律大石和喀喇契丹大军进入高昌城，大宴三日，进献600匹战马、100头骆驼、3000只羊，并将自己的儿子送到耶律大石军中作质子。耶律大石册封毕勒哥为"高昌王"，留下少监作为喀喇契丹的代表，常驻高昌城，负责征收税赋等事宜。从此，高昌回鹘正式成为喀喇契丹的附庸。

高昌回鹘归附喀喇契丹之后，耶律大石将进攻的矛头指向东喀喇汗王朝和西喀喇汗王朝。东、西喀喇汗王朝是喀喇汗王朝分裂后形成的两个王朝，与高昌回鹘相似，喀喇汗王朝也是西迁的回鹘人与当地游牧民族融合而建立的王朝。喀喇汗王朝极盛时，疆域囊括今天中国新疆大部分地区和中亚的哈萨克斯坦、乌兹别克斯坦、吉尔吉斯斯坦、塔吉克斯坦四国。960年，阿尔斯兰汗（突厥语意为"狮子汗"）穆萨将伊斯兰教立为喀喇汗王朝的国教。11世纪初，喀喇汗王朝攻灭了立国1200余年的西域古国于阗，并向高昌回鹘发起进攻。喀喇汗王朝虽然在军事上屡次击败高昌回鹘，但高昌回鹘得到了东面强邻契丹帝国的支持，有足够的实力与喀喇汗王朝长期对峙。约1041年，喀喇汗王朝正式分裂为东喀喇汗王朝和西喀喇汗王朝。1089年，西喀喇汗王朝被塞尔柱帝国击败，成为塞尔柱帝国的附庸。1132年，耶律大石首先对东喀喇汗王朝发起进攻，但初战失利，契丹军被东喀喇汗王朝可汗阿赫马德击败。不过，耶律大石很快获得了一个降服东喀喇汗王朝的绝佳机会。阿赫马德可汗于1132年病逝，其子伊卜拉欣即位，史称"伊卜拉欣二世"。伊卜拉欣二世刚刚即位不久，东喀喇汗王朝境内的葛逻禄人和康里人就举旗造反，伊卜拉欣二世无奈之下只好向耶律大石求援。1134年，耶律大石率领数万大军开进东喀喇汗王朝首都巴拉沙衮（今吉尔吉斯斯坦托克马克市东），帮助伊卜拉欣二世平定了葛逻禄人和康里人的起义，并趁机将东喀喇汗王朝纳入自己的"保护"之下。耶律大石正式册封伊卜拉欣二世为"土库曼王"，并令其让出首都，另择地居住。这样，东喀喇汗王朝也成了喀喇契丹的附庸。

耶律大石将巴拉沙衮更名为"虎思斡耳朵"（契丹语"强有力的宫帐"之意），作为喀喇契丹的新都城。定都虎思斡耳朵的同一年，即1134年，耶律大石杀白马青牛祭祀天地祖先，庄严地发布东征女真金国的诏令。耶律大石任命六院司大王萧斡里剌为兵马都元帅、枢密副使萧查剌阿不为副元帅、耶律燕山为都部署、耶律铁哥为都监，率领7万骑兵东征女真金国，以图恢复契丹故土。但是此次东征的喀喇契丹大军并没有到达女真金国，而是在穿越大漠时遇上风灾和沙尘暴，损失了很多匹战马和随军携带的牛羊。于是，喀喇契丹大军统帅萧斡里剌不得不下令退兵。见到东征大军无功而返，耶律大石仰天长叹："皇天弗顺，数也！"迫于形势，耶律大石不得不暂时搁置东征女真金国、恢复契丹故土的计划。

1137年，耶律大石继续向西扩张，进攻西喀喇汗王朝。耶律大石首先率军进入费尔干纳谷地，继而到达忽毡城。在忽毡城附近，耶律大石的军队与西喀喇汗王朝可汗马赫穆德率领的军队相遇。双方刚一交战，西喀喇汗王朝军队中的游牧部族葛逻禄人就临阵倒戈，归降了耶律大石。葛逻禄人的倒戈，致使西喀喇汗王朝军队大败，马赫穆德可汗率领残兵败将逃回首都撒马尔罕。耶律大石并没有急于追击，而是停下来休整部队，致力于巩固已经取得的地盘。到1141年，经过四年休整的喀喇契丹大军再度西进，兵锋直指西喀喇汗王朝首都撒马尔罕。由于西喀喇汗王朝早在1089年就成了塞尔柱帝国的附庸，马赫穆德可汗连忙向宗主国塞尔柱帝国求援。因此，一场影响中亚、西亚历史进程的大战拉开了序幕。

塞尔柱帝国是西迁的突厥人于1037年在中亚、西亚广大地区建立的帝国，以其首位"苏丹"（即君主）塞尔柱的名字命名，定伊斯兰教为国教。塞尔柱帝国占据波斯故地，并于1048年在卡佩特罗战役中击败了西面的东罗马帝国组织起来的联军，得以在西亚、中亚立足。1051年，塞尔柱帝国迁都伊斯法罕（今伊朗中部城市），陆续降服西亚、中亚一些游牧部族，成为这一地区的霸主。1141年，面对喀喇契丹大军来攻，西喀喇汗王朝急忙向宗主国塞尔柱帝国求援。当时塞尔柱帝国的苏丹是桑贾尔。桑贾尔于1097年即位。到1141年，经过40余年的征战，桑贾尔苏丹将中亚、西亚大片土地囊括进塞尔柱帝国的版图。由此，桑贾尔苏丹威名远播，今土库曼斯坦的五马纳特纸币正面，印的即是桑贾尔苏丹的头像。

桑贾尔苏丹发布动员令，西亚、中亚的各地王公们纷纷率领军队来援。桑贾尔苏丹花费了半年的时间，凑齐了10万大军，于1141年7月气势汹汹渡过阿姆河，进驻撒马尔罕，联合西喀喇汗王朝率先向归附耶律大石的葛逻禄人发动进攻。葛逻禄人向耶律大石求援，耶律大石给桑贾尔苏丹写信，要求他立即停止对葛逻禄人的进攻，并谋求与塞尔柱帝国的和平共处。收到耶律大石的书信后，不可一世的桑贾尔苏丹断然拒绝罢兵，并派遣使者向耶律大石宣战。塞尔柱帝国的使者到达耶律大石军中，傲慢地要求喀喇契丹向塞尔柱帝国称臣，并对耶律大石声称："我们的大军能够用刀砍掉你们的头颅，我们的战士能够用箭割断你们的须发！"耶律大石听罢，命侍卫给塞尔柱帝国使者一根针，让他用这根针割断自己的胡须。塞尔柱帝国使者当然无法用针割断胡须，耶律大石大笑着对使者说："回去告诉你的主人，用针尚且割不断胡须，他怎么可能用箭割断须发呢！"于是，喀喇契丹与塞尔柱帝国在撒马尔罕以北的卡特万草原（位于今乌兹别克斯坦境内）兵戎相见。

1141年9月9日，喀喇契丹与塞尔柱帝国的军队列阵于卡特万草原，相隔仅两里。塞尔柱帝国军队10万余众，喀喇契丹军队仅两三万人。桑贾尔苏丹将全军分为左、中、右三军，亲自统领以他的近卫军古拉姆奴隶军团为主力的中军，令库马吉将军统领左翼军，让附属国西吉斯坦的国王统领右翼军。针对塞尔柱帝国军队的布阵，耶律大石也将自己的军队分为左、中、右三军，背靠达尔加姆峡谷列阵。六院司大王萧斡里剌、招讨副使耶律松山统领右翼军2500名骑兵，对阵塞尔柱帝国左翼军，枢密副使萧查剌阿不、招讨使耶律术薛统领左翼军2500名骑兵，对阵塞尔柱帝国右翼军，耶律大石亲自统领剩下的所有兵士为中军，归附喀喇契丹的葛逻禄人埋伏在达尔加姆峡谷中，作为全军的后援。

战前，耶律大石纵马对全军将士发表演说："敌军虽然人数众多，但相互无法配合，必然首尾不能相顾，我们一定会取得胜利！"喀喇契丹与塞尔柱帝国的军队几乎同时发起冲锋，短兵相接之际，萧斡里剌的右翼军与耶律大石的中军之间拉开一个缺口，塞尔柱帝国的左、中、右三军渐渐都填进缺口之中，萧查剌阿不的左翼军迅速迂回到塞尔柱帝国大军后方发起进攻。这样，战场形势就变成了萧斡里剌的右翼军位于塞尔柱帝国大军左侧，耶律大石的中军位于塞尔柱帝国大军的右侧，萧查剌阿不的左翼军位于塞尔柱帝国大军的后侧，而塞尔柱帝国大军正面面对的正是耶律大石选定的达尔加姆峡谷。喀喇契丹三军从左方、右方、后方三个方向拼命向中间挤压塞尔柱帝国的大军，塞尔柱帝国大军掉头不便，数万人被挤压进狭长的达尔加姆峡谷。耶律大石抓住战机，传令埋伏在峡谷中的葛逻禄人向塞尔柱帝国大军发起攻势，塞尔柱帝国大军无路可退，自相践踏，溃不成军。一场战斗之后，塞尔柱帝国大军几乎全军覆没，桑贾尔苏丹的妻子、左右翼统帅、宫廷法学家布哈里均被喀喇契丹俘虏，桑贾尔苏丹身负重伤，在近卫军的拼死护卫下，狼狈逃离战场，待终于摆脱喀喇契丹的追兵时，桑贾尔苏丹身旁仅剩15名随从。

这场战役史称"卡特万草原战役"。卡特万草原战役之后，耶律大石率军进入撒马尔罕，西喀喇汗王朝成为喀喇契丹的附庸。桑贾尔苏丹败逃后，塞尔柱帝国从此一蹶不振，约1157年，塞尔柱帝国被其附庸花剌子模所灭。卡特万草原战役之后，耶律大石派遣额尔布斯率军西进，征讨花剌子模。花剌子模苏丹阿即思权衡利弊，主动归附喀喇契丹，并许诺每年向喀喇契丹进贡三万金第纳尔，花剌子模正式成为喀喇契丹的附庸。

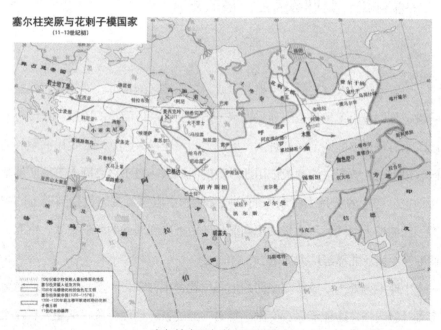

塞尔柱突厥与花剌子模国家

引自张芝联、刘学荣主编：《世界历史地图集》，北京：中国地图出版社，2002年，第56页。

卡特万草原战役对中亚、西亚的历史进程影响深远。卡特万草原战役之后，喀喇契丹成为中亚地区的霸主。

第三节
中亚称雄：契丹帝国在西域的复兴

卡特万草原战役之后，喀喇契丹成为中亚地区的霸主。耶律大石建立的喀喇契丹，沿用了契丹帝国列祖列宗一国多制、因俗而治的国家治理传统，以草原游牧民族旧俗治理契丹人、回鹘人、葛逻禄人等草原游牧民族聚居地区，以伊斯兰教习俗治理皈依伊斯兰教的回鹘人、塞尔柱突厥人等穆斯林聚居地区。西迁的契丹人将东方的草原文明、中原农耕文明传播到遥远的中亚、西亚广大地区，将中华文化向北、向西推广到遥远的西伯利亚、中亚、西亚甚至南亚北部等广大地区。

中亚地区处于草原丝绸之路的枢纽位置，多种文化、多种宗教信仰乃至多种社会习俗在中亚汇聚、交融。针对中亚的特殊地理位置，耶律大石在文化、宗教信仰、社会风俗上采取极为宽容的政策。例如在宗教信仰方面，耶律大石从未强制推行过任何一种宗教信仰，而是尊重喀喇契丹境内各民族的传统习俗、宗教信仰，并对不同宗教的信徒一视同仁。伊斯兰教、佛教、基督教、摩尼教、萨满教等宗教均在喀喇契丹获得了良好发展。耶律大石的宗教信仰宽容政策，甚至使得不同宗教的信徒对于耶律大石本人的宗教信仰，都有着不同的说法。《世界征服者史》的作者志费尼认为耶律大石秘密地皈依伊斯兰教，是一位穆斯林；历史学家伊本·阿西尔认为耶律大石是一位摩尼教徒；基督徒称颂耶律大石是传说中的祭司王约翰，甚至认为在卡特万草原战役中失败的桑贾尔苏丹，是被一位名叫"约翰"的基督徒国王击败的。

耶律大石对于喀喇契丹的附属国和附属部落的治理，沿用了传统契丹帝国一国多制、因俗而治的传统，保留当地的原有生产方式、原有制度和原有社会习俗，只是派遣一名"沙黑纳"（契丹语官职名称，意为"监国"）监管，诏令各个附属国和附属部落的首领要佩挂银牌，以示附属关系。耶律大石对于喀喇契丹直辖下的不同地区也采取一国多制、因俗而治的治理方式，并保留了传统契丹帝国的北、南面官制度，设置北面官管理北部游牧民族、设置南面官管理南部农耕地区。无论是什么民族，耶律大石的税收标准一视同仁，仅向每户征收一第纳尔的赋税。

耶律大石的威名与赫赫战功给后世留下了深刻印象，以至于他去世多年后，西夏、女真金国和宋朝仍以"大石"来代指喀喇契丹（西辽）。耶律大石去世一个多世纪之后，大蒙古国成吉思汗的谋士耶律楚材作诗赞颂耶律大石："后辽兴大石，西域统龟兹。万里威声震，百年名教垂。"

1143年，耶律大石怀着未能收复故土的遗憾病逝，其子耶律夷列即位，在中国史籍中称为"辽仁宗"。因耶律夷列年幼，耶律大石立有遗诏，令自己的可敦萧塔不烟摄政，萧塔不烟被尊为"感天太后"。感天太后萧塔不烟改年号为"咸清"，她是契丹帝国历史上第一位自立年号的太后。

耶律大石病逝的第二年，即1144年，一个回鹘部落派遣使者到女真金国进贡，将耶律大石病逝、感天太后萧塔不烟摄政的消息通报给女真金国。得知这一消息后，女真金国当时在位的金熙宗完颜合剌派遣粘割韩奴出使喀喇契丹，意图招降喀喇契丹。粘割韩奴到达喀喇契丹后，感天太后萧塔不烟正在外围猎，于是便在猎场接见粘割韩奴。粘割韩奴见到感天太后萧塔不烟，非但不下马行礼，反而高傲地要求感天太后萧塔不烟下马接诏，甚至当众称呼感天太后萧塔不烟为"反贼"。感天太后萧塔不烟命人将粘割韩奴拉下马来，粘割韩奴痛骂不止，厉声指责感天太后萧塔不烟的这种行为是"侮辱上国使臣"。感天太后萧塔不烟取出弓箭，射死了粘割韩奴，有史籍记载感天太后萧塔不烟并未亲自动手射死粘割韩奴，而是命近侍们乱刀将他砍为肉泥。

1150年，感天太后萧塔不烟归政，辽仁宗耶律夷列亲政。仁宗耶律夷列在位时，喀喇契丹国力达到鼎盛。仁宗耶律夷列在位之初，对喀喇契丹首都虎思斡耳朵及其周边地区进行了一次人口普查，据统计，当时虎思斡耳朵及其周边地区能服兵役的居民多达84500户，足见当时喀喇契丹国力之强盛、首都之繁华。1155年，仁宗耶律夷列病逝，由于两个儿子年幼，耶律夷列留下遗诏，由妹妹耶律普速完摄政。

耶律普速完效仿10世纪末至11世纪初承天太后萧绰辅佐辽圣宗耶律文殊奴开创契丹帝国盛世的典故，给自己也上尊号为"承天太后"。耶律普速完还效仿自己的母亲感天太后萧塔不烟，自立年号为"崇福"。

耶律普速完的丈夫名为萧朵鲁不，他是喀喇契丹开国元勋、六院司大王萧斡里刺之子。1178年，耶律普速完与驸马萧朵鲁不的弟弟萧朴古只沙里私通，先是将驸马萧朵鲁不贬为东平王，而后又罗织罪名杀害了驸马萧朵鲁不。萧朵鲁不的父亲、六院司大王萧斡里刺得知后，发动宫廷政变，带兵闯入皇宫，乱箭射死承天太后耶律普速完和萧朴古只沙里，拥立耶律夷列之子耶律直鲁古即位。

耶律直鲁古即位后，连年用兵，导致喀喇契丹国力日益削弱。这一时期，喀喇契丹的主要军事活动是与古尔王朝争夺呼罗珊地区。"呼罗珊"在当地语言中意为"太阳升起的地方"，呼罗珊地区大致包括今塔吉克斯坦全境、阿富汗和土库曼斯坦大部分地区、乌兹别克斯坦东半部地区、吉尔吉斯斯坦小部分地区以及伊朗东北部地区。自1141年卡特万草原战役之后，塞尔柱帝国的势力不仅退出河中地区，而且在呼罗珊地区的势力也受到明显削弱，这就给新兴的古尔王朝以可乘之机。古尔王朝建立于1148年，在一些中国史籍中亦写作"郭耳国""廓尔王朝"等，位于今阿富汗以及印度北部一带，其建立者是迁徙到今阿富汗和印度北部的突厥部落。到12世纪末，古尔王朝吞并了原本向喀喇契丹称臣纳贡的巴尔赫（今阿富汗北部巴尔赫省一带），并向喀喇契丹西边的附属国花剌子模扩张。花剌子模苏丹（即君主，一些史籍中称为"沙"）阿拉丁·塔乞失向宗主国喀喇契丹求援。1198年春夏之交，耶律直鲁古派遣塔阳古率军渡过阿姆河，向呼罗珊地区进军。喀喇契丹大军刚刚渡过阿姆河，就遭到古尔王朝军队的突袭，喀喇契丹损失惨重，12000余人阵亡，塔阳古不得不撤军。得知兵败的消息，耶律直鲁古极为震怒，派遣使者出使花剌子模，提出花剌子模需向喀喇契丹支付每名阵亡将士一万金第纳尔的损失费，花剌子模苏丹阿拉丁·塔乞失断然拒绝，并对喀喇契丹使者出言不逊。于是，耶律直鲁古出兵攻打花剌子模，被花剌子模军队击退。1200年，花剌子模苏丹阿拉丁·塔乞失去世，其子摩诃末即位。1203年末至1204年初，古尔王朝再次进攻花剌子模，花剌子模苏丹摩诃末不得不再次向宗主国喀喇契丹求援。耶律直鲁古不计前嫌，派遣塔阳古率领1万骑兵驰援花剌子模，喀喇契丹的另一个附属国西喀喇汗国可汗奥斯曼·伊本·易卜拉欣也出兵增援。古尔王朝苏丹失哈不丁得知喀喇契丹出兵援助花剌子模的消息后，急忙退兵。塔阳古率军紧追不舍，喀喇契丹大军在安都淮（今阿富汗安德胡伊市）将古尔王朝军队包围，双方展开激战，古尔王朝5万余名将士阵亡，古尔王朝苏丹失哈不丁仅率领100余名禁卫军逃到安都淮的内堡躲避。走投无路的失哈不丁苏丹偷偷买通了跟随喀喇契丹大军出征的西喀喇汗国可汗奥斯曼·伊本·易卜拉欣，请求他帮忙从中斡旋。在奥斯曼·伊本·易卜拉欣的斡旋下，古尔王朝苏丹失哈不丁承诺向喀喇契丹进贡大象、名马、珍奇异宝，并交纳大笔赎金，以此换取喀喇契丹退兵。耶律直鲁古答应了失哈不丁的请求，命令塔阳古退兵，古尔王朝苏丹失哈不丁得以幸免。1205年，古尔王朝再度兴兵，攻占了喀喇契丹控制下的泰尔梅兹。不过，古尔王朝苏丹失哈不丁在1206年率军进攻印度期间被刺杀。同年，花剌子模夺取了被古尔王朝占据的泰尔梅兹，并将其归还给喀喇契丹。

经过与古尔王朝的多年战争，喀喇契丹的国力日益削弱。1209年，喀喇契丹的附属国高昌回鹘杀死喀喇契丹派驻的少监，投奔了新兴的大蒙古国。1210年，花剌子模苏丹摩诃末杀死了喀喇契丹派去征收年贡的官员，公开宣布脱离喀喇契丹。耶律直鲁古极为震怒，派遣塔阳古率军讨伐花剌子模。花剌子模早有准备，以逸待劳，将喀喇契丹军队击败，俘虏了喀喇契丹军队主帅塔阳古，将其处死，并将尸体投入河中。此后，喀喇契丹与花剌子模之间时常爆发战争，直至喀喇契丹被大蒙古国所灭。

耶律直鲁古在位期间，因好心收留了一名乃蛮部王子屈出律，不仅给自己引来了杀身之祸，而且使得喀喇契丹也随之走向覆灭。

第四节
引狼入室：喀喇契丹的衰亡

　　13世纪初，在喀喇契丹东面崛起了一个新兴的强大帝国——大蒙古国。此时的喀喇契丹，经过耶律普速完摄政时期的宫廷政变和耶律直鲁古的统治，国力有所下降。耶律直鲁古好心收留了被大蒙古国的缔造者成吉思汗打败的乃蛮部王子屈出律，为自己和整个喀喇契丹带来了灭顶之灾。

　　蒙古人与契丹人有着极深的渊源。关于蒙古人的起源，目前学术界一般认为，蒙古人的直系祖先是室韦人，与契丹人同出自东胡鲜卑一系。柔然汗国覆灭后，一部分鲜卑人西迁。留在今天中国东北、蒙古草原上的鲜卑人以大兴安岭为界，生活在西拉木伦河（蒙古语意为"黄色的河"，因此古称"潢水"）和老哈河流域一带的鲜卑人的一支，自号"契丹"；生活在大兴安岭以西、今天呼伦贝尔大草原上的鲜卑人的一支，自号"室韦"（即"鲜卑"的谐音）。《旧唐书》中就记载了室韦人与契丹人的亲属关系："室韦者，契丹之别类也。"直到唐朝时，在很多室韦部落中还能找到些许母系氏族的痕迹，例如唐朝人记载，一些室韦部落的男子娶妻，必须先在岳父家劳动三年，才能将妻子领回自己家。唐朝中期，室韦人又分为岭西室韦、山北室韦、黄头室韦、大如者室韦、小如者室韦、婆莴室韦、讷北室韦、骆驼室韦等若干部落。契丹帝国时期，"鞑靼"（中国史籍中又写作"达怛""塔坦""达达"等）一度成为室韦诸部落的总称。由于其中的蒙古部落相对强盛，一些史籍中有时也用"蒙兀室韦"代指草原诸部落。12世纪时，蒙古草原上主要有六大部落：蒙古部、塔塔儿部、蔑儿乞部、克烈部、汪古部、乃蛮部，其中蒙古部、塔塔儿部、蔑儿乞部和克烈部出自鲜卑后裔，汪古部和乃蛮部出自突厥后裔。每个大部落内部又包含若干小部落，在六大部落之外，草原上还散居着无数的小部落。

大蒙古国缔造者成吉思汗所在的蒙古部落的起源，与契丹民族的起源颇为相似。关于成吉思汗黄金家族所在的蒙古部落的起源，《蒙古秘史》开篇就记载了这样一段美丽的传说：在蒙古草原东北部，有一条发源于不儿罕山（今蒙古国肯特山）东麓的河流，被称为斡难河（今鄂嫩河）。远古时，有一头苍色的狼和一只白色的鹿在斡难河畔相遇，一见钟情，结为伴侣，孕育了蒙古部落。这就是"苍狼白鹿"的传说。关于这一传说，有两种版本的解读。一种解读为：在斡难河畔，有一个名叫孛儿贴赤那（蒙古语意为"苍狼"）的小伙子，遇见一个名叫豁埃马阑勒（蒙古语意为"白鹿"）的姑娘，两人一见钟情，结为夫妻，生育后代，渐渐繁衍形成了蒙古部落。另一种解读为：在斡难河畔，有一个以苍狼为图腾的部落，和另一个以白鹿为图腾的部落世代通婚，逐渐繁衍形成了一个新的部落，即蒙古部落。因这段美丽的传说，蒙古部落世代以苍狼白鹿为图腾。这与契丹民族"白马青牛"的起源传说有异曲同工之处。

契丹帝国曾是中国北方草原上的霸主，传统的契丹帝国（辽朝）被女真金国灭亡后，北方草原的动荡持续了近两个世纪。《蒙古秘史》中记载了当时草原上流传的一首歌谣："星空旋转着，众部落都反了，不得安卧，你争我夺为财货；草地翻转了，所有的部落都反了，无法下榻。

你攻我打，没有彼此思念的时候，只有彼此冲撞；没有躲藏的地方，尽是互相攻伐；没有彼此爱慕，只有相互仇杀。"1162年，位于草原东部的蒙古部落孛儿只斤家族中诞生了一名男孩儿铁木真，他就是后来的成吉思汗。12世纪末到13世纪初，铁木真经过20余年的征战，逐步统一了草原上各个部落，到1204年，草原上仅剩西部的乃蛮部还没有臣服于铁木真。

乃蛮部居于阿尔泰山一带，在12世纪末至13世纪初成为北方草原西部最强盛的部落，也成为铁木真统一整个蒙古草原的最大障碍。1204年春，乃蛮部的首领太阳汗率先出兵，进驻杭海山（今杭爱山），召集札木合等被铁木真打败的各部落首领及其残余力量，准备与铁木真决战。铁木真亲自率军远征，翻越沙漠进攻乃蛮部。哲别和忽必来的先锋部队与乃蛮先锋爆发冲突，蒙古部的一匹战马被乃蛮部缴获。乃蛮部见到蒙古部的战马十分瘦弱，就了解到了蒙古部经过长途奔袭，必定疲惫。蒙古部先锋部队的战马被敌方缴获后，也引起了铁木真等人的警觉。于是，经谋士们建议，铁木真下令全军分散扎营、每个人点五堆篝火，以此来迷惑敌军。乃蛮部太阳汗在夜里见到蒙古部营寨中遍地篝火，误以为蒙古部落人多势众，于是打算命令部队后撤到阿尔泰山一带的大本营，再寻找机会决战。但太阳汗的计划遭到了儿子古出鲁克和麾下大将可克薛兀的强烈反对。于是，向来没有主心骨的太阳汗下令全军进军到纳忽山崖东麓列阵，准备与蒙古部从速决战。由于蒙古部是远道奔袭，如果长期相持将对蒙古军不利，因此，铁木真决定趁己方士气正旺，从速进攻。于是，蒙古部与乃蛮部在纳忽山崖展开决战。

战前，铁木真告诫部将："敌军人数多，作战时我们要让他们多折损兵马；我军人数少，要注意减少伤亡。"铁木真亲自率领先锋部队发起进攻，他命令将士们："我们要如同灌木丛般向前推进，摆开海浪般的阵势，像凿子一样凿进敌人的军队中！"战斗刚刚打响，乃蛮部太阳汗就问身边数次被铁木真击败、对铁木真极为了解的札答阑部首领札木合："那些冲在最前面的、如同狼一样将羊群赶入羊圈里的是什么人？"札木合答道："他们是我的铁木真安答用人肉喂大的四条恶犬！他们额似铜、嘴如凿、舌如锥、心如铁，拿弯刀当鞭子，饮用朝露解渴，乘着疾风而行，在厮杀的日子里，他们以人肉为食！他们是哲别、忽必来、者勒蔑、速不台！"太阳汗听后，吓得赶紧将阵地从山脚向山坡后撤。太阳汗指着哲别等人身后包抄过来的军队问札木合："那些像清晨放出来的马驹一样跳跃着呈环形围上来的是什么人？"札木合答道："在战场上，他们追赶着持长枪的男子并将他们统统杀掉，在混战中，他们追赶着持弯刀的兵丁并抢夺他们的财物，他们就是兀鲁兀人和忙忽人！"太阳汗听后，将阵地向山腰上后撤。太阳汗指着蒙古部前锋部队中间持大纛的人问札木合："那个像猎鹰扑食般奋勇杀来的是什么人？"札木合答道："那是我的铁木真安答，他全身用生铜铸成，用锥子去扎，都找不到缝隙，他全身用精铁锻造，用针去刺，也刺不出针孔！"太阳汗听后，连忙将阵地又往山上后撤了很长一段距离。太阳汗远远望见铁木真部队的身后，又问札木合："铁木真后面那些像海水一样冲杀过来的又是些什么人？"札木合答道："那是我的铁木真安答伟大的母亲诃额仑夫人用人肉喂养的儿子们，他们身披三层铠甲，能吃掉三岁的小牛，他们能把带弓箭的人整个咽下而不伤到喉咙，他们把成年男子整个吞下来还不够充饥，他们射出的箭能飞越山岭、射穿二十个人！他们就是哈撒儿、别勒古台、合赤温、帖木格！"被札木合的话吓破胆的太阳汗，最后下令将阵地撤到山顶。乃蛮部从山脚退到山顶，导致其被铁木真大军包围在纳忽山崖边缘。经过一天一夜的激战，太阳汗中箭身亡，乃蛮部全军覆没，仅剩太阳汗之子屈出律带着数名随从在乱军中逃出生天。

1206年，统一了草原诸部落的铁木真在斡难河畔召开忽里勒台大会，正式建立了大蒙古国，在当时的汉文文书、典籍中，其蒙古语的汉字转写为"也客·蒙古·兀鲁斯"（蒙古语中"也客"意为"大"，"兀鲁斯"意为"国家"）。铁木真被众部落共同推举为整个草原的可汗，号"成吉思汗"，意为"富有四海的汗"。从此之后，整个北方草原就以成吉思汗黄金家族所在的蒙古部落名称来命名，生活在这片草原上的众多游牧部落，就统一以成吉思汗黄金家族所在的蒙古部落名称来命名为"蒙古人"。

约在1208年，辗转各地躲避蒙古军追击的乃蛮部王子屈出律到达喀喇契丹国都虎思斡耳朵。屈出律摸不清喀喇契丹的可汗耶律直鲁古对自己的态度如何，因此没有贸然亲自前往觐见，而是让一名亲随冒用自己的名字前去觐见，屈出律自己则扮作车夫，站在宫门外等候。屈出律等候之时，恰逢喀喇契丹的可敦和公主外出归来，可敦见屈出律虽然样貌落魄，但面露不凡之色，于是便将他带入宫中盘问，屈出律只好以实情相告。于是，可敦将屈出律引荐给可汗耶律直鲁古，耶律直鲁古对屈出律很是欣赏，不仅收留了他，而且将公主耶律浑忽嫁给他为妻。

成为喀喇契丹的驸马之后，屈出律请求耶律直鲁古允许他以喀喇契丹的旗号召集乃蛮旧部，耶律直鲁古答应了他的请求。不久之后，屈出律不仅召回了一部分游牧在各地的乃蛮旧部，而且利用自己的驸马身份拉拢了喀喇契丹的一些大臣和将领。此时，喀喇契丹西边的附属国花剌子模势力强盛，希望摆脱喀喇契丹的控制。花剌子模的苏丹摩诃末暗中联络屈出律，谋划共同推翻耶律直鲁古的统治，瓜分喀喇契丹。1212年，花剌子模依计进攻喀喇契丹的西部边境，屈出律借口招兵抵抗花剌子模，从岳父耶律直鲁古手中讨得了兵权，着手谋划夺权。在耶律直鲁古一次狩猎途中，屈出律埋下伏兵，突然发动政变，擒获了耶律直鲁古，并逼迫耶律直鲁古让位给自己。耶律直鲁古万般无奈，不得不让位。到此时为止，喀喇契丹不再由耶律氏担任可汗，已是名存实亡。1213年，退位后的耶律直鲁古郁郁而终。

屈出律篡位成功后，将喀喇契丹南部锡尔河以西的土地割让给花剌子模作为"酬谢"。屈出律登基后，一改喀喇契丹因俗而治的国策，倒行逆施，对喀喇契丹境内一些宗教的教徒实行宗教迫害，引起全国上下的普遍不满。1215年，屈出律将喀喇契丹的都城迁到喀什噶尔。1218年，成吉思汗得知了宿敌乃蛮王子屈出律的下落，于是派遣哲别、郭宝玉领兵攻打屈出律统治下的喀喇契丹。饱受屈出律迫害的喀喇契丹百姓箪食壶浆迎接蒙古大军，屈出律不战而逃，在塔什库尔干一带被当地猎人擒获，献给蒙古军统帅哲别。哲别将屈出律处死，喀喇契丹正式划入大蒙古国的版图。

喀喇契丹覆灭后，契丹贵族波剌黑逃到波斯东南部起儿漫地区（大约位于今天伊朗起儿漫省），建立了起儿漫王朝，后世一些学者将其称为"后西辽"。1309年，起儿漫王朝被蒙古伊儿汗国所吞并。

自1132年耶律大石正式称帝到1218年喀喇契丹被大蒙古国吞并，喀喇契丹在中亚地区称雄近一个世纪，将中华文明向西推广到了遥远的中亚、西亚甚至南亚北部等广大地区。

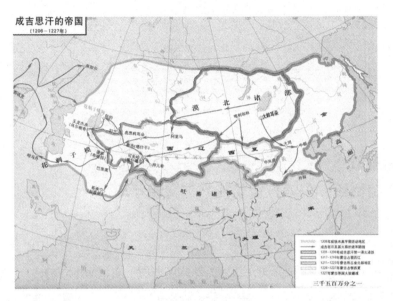

成吉思汗的帝国版图

引自张芝联、刘学荣主编：《世界历史地图集》，北京：中国地图出版社，2002
年，第70页。

第五节
丝路枢纽：东西方贸易往来与文明互动

在传统的契丹帝国时期，契丹人在草原丝绸之路上占据重要地位。契丹帝国极盛时，其疆域东至日本海，西至阿尔泰山，北至额尔古纳河、外兴安岭一带，南到今河北省中部的白沟河一带，几乎垄断了草原丝绸之路东端的主要路线。到喀喇契丹（一些学者称之为"第二契丹帝国"）时期，契丹人占据着草原丝绸之路上至关重要的河中地区。河中地区自公元前6世纪波斯帝国时代起，就是沟通东西方世界的桥梁。两千余年来，河中地区一直是多民族、多种文化、多种文明碰撞与交融的舞台。契丹人以河中地区为中心，占据中亚、西亚大片土地，也就占据着草原丝绸之路的枢纽。

契丹帝国的繁荣，客观上推动了中亚、西亚、东欧草原民族国家的发展。其中，位于草原丝绸之路西端、东欧草原上的匈牙利，也是在11至13世纪时获得迅猛发展并达到鼎盛。匈牙利是东方商人经草原丝绸之路进入欧洲的第一站，也是欧洲商人走出欧洲、踏上草原丝绸之路的起点。东西方商品在那里中转，东西方商人在那里汇聚。东面契丹帝国、喀喇契丹的经济发展、贸易繁荣，客观上促进了匈牙利的强盛。

11至13世纪时，匈牙利王国达到鼎盛，此时的匈牙利国王同时兼任波希米亚国王、克罗地亚大公、波兰国王、那不勒斯国王、达尔马提亚大公等职，所辖区域涵盖了东欧绝大部分地区。匈牙利是基督教世界抵御东方诸文明特别是亚洲内陆游牧文明和阿拉伯-伊斯兰文明向西扩张的屏障，被当时欧洲人称为"基督教之盾"。匈牙利在东面处于守势的同时，不断插足中欧、西欧事务，一直在西面处于攻势，这也在客观上阻挡了基督教文明向东扩张。因此，匈牙利成为东西方文明的分界线，它不仅处于东西方世界的地理节点上，而且处于政治、宗教和文明的节点上，兼具东西方文明的双重特征。

匈牙利人虽然定居欧洲，但属于东方游牧民族，与东方文明有着极深的渊源。匈牙利人自称"马扎尔人"（匈牙利文Magyar），是亚欧大陆内陆草原游牧民族，最早生活在卡玛河、别拉雅河、乌拉尔山环抱地带。马扎尔人每年秋天迁徙到河谷地带，以便能够度过漫长的寒冬，开春就迁徙到山地平原或丘陵地带，以便繁衍牲畜。马扎尔人主要有七个游牧部落：马扎尔部（Magyar）、涅克部（Nyék）、菊特切尔马特部（Kürtgyarmat）、陶尔扬部（Tarján）、耶诺尔部（Jenő）、塞尔部（Kér）和凯西部（Keszi），其中马扎尔部最为强大，居于七个部落之首。因此，这七个游牧部落以及后来形成的民族共同体，就以"马扎尔"为名。公元91年，位于中国北方的北匈奴西迁，揭开了亚欧大陆上持续近千年的民族大迁徙的序幕。9世纪时，马扎尔人迫于来自中亚的各支游牧民族的压力，向西迁徙。为了避免被其他游牧民族吞并，七个马扎尔部落联合三个可萨部落，组成了一个相对较大的部落联盟。盟誓时，每个部落拿出一支箭，共十支箭捆在一起，插在敖包之上，象征着联盟的达成。在当时中亚游牧民族的语言中，"十支箭"的发音为"On-Ogur"，邻近的斯拉夫人以此来称呼这个新成立的部落联盟，并根据当时的斯拉夫语发音，将其讹读为"Vengr"。

这一名称由斯拉夫人传入欧洲，被一再转译、讹读，就成了今天英语中的"Hungary"，中国学者在19世纪末根据英语将其译为"匈牙利"。

9世纪下半叶，匈牙利人翻越喀尔巴阡山脉，迁徙到东欧平原，并于896年正式建立匈牙利王国。匈牙利人初入欧洲时，攻势极盛，兵锋甚至一度远至大西洋岸边。955年8月，匈牙利人在奥格斯堡战役中被东法兰克王国萨克森王朝的第二代国王、神圣罗马帝国的开创者奥托一世组织的欧洲联军击败。奥格斯堡战役打破了匈牙利人不可战胜的神话，极大地动摇了匈牙利的内部凝聚力。为了挽救民族危亡，匈牙利人不得不选择皈依基督教。1000年12月25日，罗马教皇西尔维斯特二世为匈牙利国王圣·斯蒂芬一世加冕，基督教被立为匈牙利王国的国教，匈牙利正式成为当时欧洲的一部分。

东方的契丹帝国在将燕云十六州纳入版图之后，并没有全盘照搬中原王朝的国家治理制度，而是结合本民族传统，有选择地将中原王朝典章制度融入自身的国家治理制度之中，因地制宜、因俗而治，确立了一国多制的国家治理方针。与东方的契丹帝国相辉映，西方的匈牙利王国虽然定居欧洲，却没有全盘照搬当时欧洲的封建制度，而是始终坚持基于自身东方传统，有选择地将西方元素融入国家治理模式，创立出具有独特性的州治制度（匈牙利文megyerendszert），使之成为匈牙利国家建构和治理的基石，更成为匈牙利得享数百年繁荣强盛的制度保障。州治制度将匈牙利人的东方传统政治组织观念与当时欧洲普遍盛行的封建制度加以融合，是唯一一项将东方制度文明元素引入中世纪欧洲国家治理中的制度。州治制度与匈牙利国家独特的治理模式，保障了匈牙利民族成为唯一一个进入欧洲而没有完全欧洲化的东方游牧民族，深刻地影响了现代匈牙利民族有别于欧洲其他国家、民族的独特价值观念的形成，塑造了作为欧洲国家的匈牙利对东方文明的强烈认同感。

圣·斯蒂芬一世将基督教确立为匈牙利王国的国教之后，从欧洲各地邀请大量教士、骑士旅居匈牙利，帮助匈牙利人建设国家，这些人将欧洲的封建制度、思想文化、生活习俗等引入匈牙利王国。同时，圣·斯蒂芬一世融合了匈牙利人的东方游牧民族传统政治组织形式和当时欧洲普遍盛行的封建制度，打破匈牙利人原有的氏族血缘纽带，创立了匈牙利州治制度。匈牙利州治制度以地域为划分依据、以城堡为中心。每个"州"（匈牙利文megye）的大部分土地属于王室领地，负责提供王室的开支、供养国王在各州的军队；其他少部分土地是大领主的采邑、教会土地以及自由民的居住地。每个州以一座城堡为中心，城堡负责代表国王对该州履行行政管理职责，但城堡自身的行政管理体系又是独立于州之外的另一套系统，城堡的开支由隶属于城堡的农奴负责提供。匈牙利的一些州采用第一任州长的姓氏来命名，例如索尔诺克州、萨波尔奇州等，但这与此前匈牙利人氏族部落以首领姓氏命名有着本质的不同，这仅仅是国王给予各州州长名义上的殊荣而已，不代表各州州长在自己管辖的州内具有实质上的绝对权力。各州州长仅仅是国王在各州的代言人，他们直接对国王负责，国王对各州州长有任免权。

与契丹帝国的"宫帐"制度、"捺钵"制度类似，匈牙利在国家中央行政管理方面，保留了草原游牧民族的传统习俗。在中央行政管理方面，圣·斯蒂芬一世保留了匈牙利人的游牧民族传统，没有设立固定的国家首都，而是设立可以移动的"宫帐"，并在全国范围内指定了几个国王驻地，这与契丹帝国的斡耳朵制度、捺钵制度极为相似。每年的绝大部分时间里，圣·斯蒂芬一世在全国各地巡行，他走到哪里，宫帐就安在哪里。巡行过程中，圣·斯蒂芬一世直接插手各地的行政管理事务、征收各州王室领地的赋税。每年，圣·斯蒂芬一世仅有少部分时间居住在指定的几个国王驻地之中。宫帐制度是州治制度的一部分，有效地巩固了匈牙利国王在地方上的绝对权力。

与契丹帝国的中央集权类似，州治制度的推行，使得地方权力收归中央、收归国王所有。匈牙利的州治制度融合了东西方制度文明的双重元素，在很长一段时期内保障了东西方文化在匈牙利王国内部的和平共生，保障了国王的绝对权力和匈牙利王国的中央集权，客观上加强了匈牙利的国家整合力和民族凝聚力，促进了匈牙利王国走向强盛。在11至13世纪极盛时，匈牙利王国所辖区域涵盖波希米亚、波兰、克罗地亚、那不勒斯、达尔马提亚等东欧绝大部分地区，几乎整个东欧都处于匈牙利王国的中央集权统治之下，这在客观上为当地贸易的发展提供了和平、安定的环境。

州治制度也是匈牙利能够在古代丝绸之路中发挥枢纽作用的制度保障。位于东西方文明分界的前提基础和州治制度的制度保障，促进了匈牙利经济的稳定发展和草原丝绸之路的贸易繁荣。11至13世纪，匈牙利王国是东方商人经草原丝绸之路进入欧洲的第一站，也是欧洲商人走出欧洲、踏上草原丝绸之路的起点。东西方商品在匈牙利中转，东西方商人在匈牙利汇聚。匈牙利王国经济、贸易在这一时期达到空前繁荣。

生活方式方面，在游牧和定居之间、在保持自身游牧民族传统和借鉴农耕民族宝贵经验之间寻找平衡点，是东方契丹帝国和西方匈牙利王国的共同特征。匈牙利人原本是来自亚洲内陆草原的游牧民族，初到东欧平原时，仍旧保持着游牧生活方式。匈牙利牧民夏天赶着牧群"逐水草而居"，冬天则选择背风避寒的地点安顿下来。随着草原丝绸之路经过匈牙利境内，一些重要贸易地点逐渐发展为村庄甚至城镇，这促进了匈牙利人由游牧向定居生活的过渡。起初，匈牙利人村庄中的住舍以帐篷为主，仅有少量的房舍建筑。匈牙利人在夏季依旧离开村庄游牧，只有冬季才回到村庄居住。随着贸易繁荣，村庄逐渐成为匈牙利人的生产、生活重心，部分匈牙利人转牧为农，围绕村庄开垦耕地。匈牙利牧民的游牧范围也主要围绕村庄展开，每逢星期日，除了在牧地看守火种的牧民之外，其他牧民大多回到村庄中从事礼拜活动。随着生产力的提高、人口的增长和经济、贸易的发展，一些较大的村庄逐渐发展为城镇，这主要得益于草原丝绸之路的贸易繁荣。

由于贸易的繁荣、经济的发展，匈牙利的社会分工特别是生产分工日益细化。在一些新兴村庄中，全体成员甚至专门从事某一行业，这样的村庄也相应地以这种行业来命名，例如科瓦奇村（匈牙利文Kovácsi，意为"铁匠"）、涅尔盖什村（匈牙利文Nyerges，意为"制鞍匠"）、乔塔利村（匈牙利文Csatári，意为"制盾匠"）等。

草原丝绸之路贸易的繁荣和匈牙利经济的发展，吸引了周边一些国家和地区的居民移居匈牙利，充实了匈牙利王国的人口和劳动力。匈牙利王国位于东欧草原，地广人稀。为了充实人口、提高生产力，圣·斯蒂芬一世在位时期就制定相关政策，招徕其他国家和地区的移民进入匈牙利，并给外来移民提供种子和农具，鼓励移民开垦荒地。鼓励移民的政策为匈牙利王国历代国王所沿用。到13世纪初，匈牙利境内的移民不仅有来自东欧广大地区的波希米亚人、乌克兰人、罗马尼亚人、克罗地亚人、斯拉夫人等，还有来自中欧、西欧的日耳曼人、高卢人等，甚至有来自亚洲内陆草原的库曼人、佩切涅格人、钦察人、可萨人等，以及来自阿拉伯世界的穆斯林商人。外来移民的大量涌入和大量荒地的开垦，大大提高了匈牙利的社会生产力。

村庄和城镇的兴起、生产分工的细化与外来移民的大量涌入，是草原丝绸之路贸易繁荣、匈牙利经济发展的必然结果，同时也进一步促进了草原丝绸之路贸易的繁荣，形成良性循环。匈牙利王国治下的达尔马提亚地区位于亚得里亚海东岸，这一地区的扎拉城、斯普利特城等城市均是当时欧洲重要的贸易港口。仅仅是亚得里亚海东岸的贸易城市扎拉城，就足以成为"商业帝国"威尼斯的重要竞争对手，以至于1202年第四次十字军东征之初的第一场战役，威尼斯人就怂恿十字军攻占并洗劫了扎拉城，当时匈牙利的贸易繁荣程度由此可见一斑。经济和贸易的空前繁荣，使得匈牙利在11至13世纪占据了草原丝绸之路中的重要地位。

匈牙利在古代丝绸之路中的重要地位，对东西方世界的文化繁荣和文明互动产生了深远影响。匈牙利在草原丝绸之路上发挥的枢纽作用，促进了整个草原丝绸之路的贸易繁荣，进而促进了沿线草原民族、游牧国家的崛起和兴盛。11至13世纪是匈牙利贸易繁荣的鼎盛时期，同时也是契丹等东方草原民族、游牧国家兴盛的时期和古代东西方文明频繁互动时期。草原丝绸之路东端的契丹帝国与西端的匈牙利王国相互促进，通过贸易纽带频繁互动，共同推动着草原丝绸之路的发展繁荣。

欧洲中世纪时，匈牙利虽然是基督教世界在东面抵御亚洲内陆游牧民族和阿拉伯人向西扩张的"基督教之盾"，但在草原丝绸之路上，却是连接东西方贸易的桥梁。在匈牙利，不仅东西方商品在此中转，而且东西方文明在此汇聚、交融、互动。匈牙利国王圣·拉斯洛一世在位时，匈牙利王国取得了抵御来自亚洲内陆草原的游牧民族佩切涅格人和库曼人向西扩张的决定性胜利，由此为匈牙利王国东部边境带来了长达150余年的安全保障，为整个基督教世界创造了一个多世纪相对和平、安定的局面。民族大迁徙时代以来欧洲长达700余年的大规模战争结束，西方基督教世界迎来了经济、文化的发展时期，西欧的"12世纪文艺复兴"即得益于此。匈牙利在古代丝绸之路上的关键地位，塑造了匈牙利国家和民族的独特性。时至今日，匈牙利仍是东西方世界的分界线，处于东西方文明交融的重要节点之上。2015年6月6日，匈牙利与中国正式签署了《中华人民共和国政府和匈牙利政府关于共同推进丝绸之路经济带和21世纪海上丝绸之路建设的谅解备忘录》，成为欧洲第一个加入中国"一带一路"倡议的国家，这有着深刻的历史渊源，与匈牙利在古代草原丝绸之路上的重要地位密不可分。

位于草原丝绸之路关键位置的匈牙利王国与草原丝绸之路东端契丹帝国（包括喀喇契丹）的友好往来、频繁互动，带动了整个草原丝绸之路的贸易繁荣，进而促进了东方草原帝国的崛起，10至12世纪契丹帝国的兴盛和13世纪蒙古帝国的崛起，均受惠于这一时期草原丝绸之路的贸易繁荣。在草原丝绸之路贸易的带动下，契丹人建立起东起渤海之滨，北至西伯利亚，南到今天河北、山西等地，向西曾一度远至西亚的强大帝国，将东方的中华文明向北、向西推广到遥远的西伯利亚、中亚甚至西亚等地，为中华文明向世界的传播做出了不可磨灭的贡献。

草原丝绸之路沿线游牧国家的崛起和东西方文明的频繁互动，相当程度上得益于契丹帝国特别是喀喇契丹在古代丝绸之路中的枢纽作用及其对草原丝绸之路贸易繁荣的巨大贡献。

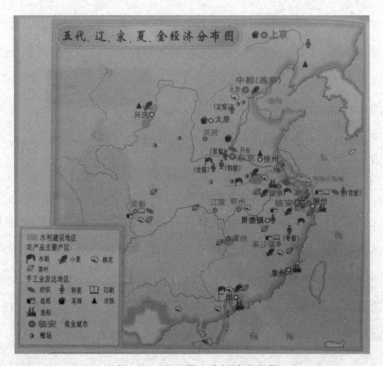

五代、辽、宋、夏、金经济分布图

引自中国地图出版社编制：《中国历史地图册》，北京：中国地图出版社，2000年，第17页。

第六节
帝国余晖：东辽、后辽与后西辽的兴衰

喀喇契丹覆灭后，契丹贵族特别是耶律皇族又先后建立了东辽、后辽与后西辽，一定程度上延续了契丹帝国的血脉。

东辽建国于1213年，是女真金国末年，契丹人建立的一个依附于大蒙古国的地方政权。

1211年初，大蒙古国成吉思汗在怯绿连河畔誓师，亲率大军攻打女真金国，为先祖俺巴孩汗复仇，正式拉开了为时24年的蒙古灭金战争的序幕。当时女真金国的总人口是大蒙古国总人口的40余倍，常备军是大蒙古国军队的10余倍，力量对比悬殊。成吉思汗在进行了充足军事准备的同时，在政治上拉拢被女真金国灭亡的契丹帝国后裔，分化瓦解女真金国。面对蒙古大军的攻势，女真金国的统治者卫绍王完颜永济为防范契丹人投靠大蒙古国，规定在东北地区，两户女真人夹居一户契丹人，以此来监视契丹民众，引起了契丹人的普遍不满。

女真金国有一名北边千户（官职名）耶律留哥，本为契丹帝国远支皇族后裔，见大蒙古国兴起、女真金国衰落，渐渐生出起兵反金之心。1212年，趁女真金国上京（今黑龙江省阿城南）、泰州（今吉林省洮安四家子）一带

守军调动之机，时年47岁的耶律留哥在隆安（今吉林省农安县）、韩州（今吉林省梨树县）白山乡岫岩村白山咀子山岗南坡一带起兵反金，召集当地契丹人组建军队，号称"义军"。仅数月时间，云集响应者达10余万，耶律留哥自任都元帅，任命耶的为副元帅，进攻当地金军。女真金国的统治者卫绍王完颜永济诏令咸平路招讨使蒲鲜万奴率军进抵辽河一带，征讨耶律留哥。大军出征前夕，卫绍王完颜永济开出赏金：得耶律留哥骨者，每两赏一两黄金；得其肉者，每两赏一两白银。耶律留哥自知凭借自身力量无法与女真金国对抗，于是联络大蒙古国，请求援助。在蒙古军的帮助下，耶律留哥在迪吉脑儿（今辽宁省昌图县）大败金军。1213年农历三月，耶律留哥自立为"辽王"，年号元统，国号为"辽"，史称"东辽"。1215年农历十一月，耶律留哥亲自到蒙古草原朝觐成吉思汗，成吉思汗赐予他金虎符，并正式册封他为"辽王"。耶律留哥定都咸平（今辽宁省开原市老城区），称为"中京"。

1220年，耶律留哥病逝，由于耶律留哥长子耶律薛阇正在跟随成吉思汗西征的途中，因而暂时由耶律留哥继妻姚里氏（一些史籍中记载姚里氏名为姚里挼兰）摄政。1226年，姚里氏带着儿子耶律善哥、耶律铁哥、耶律永安和侄子耶律塔塔儿、孙子耶律收国奴到成吉思汗西征途中的阿里湫城朝觐。成吉思汗见到姚里氏一行不远万里前来朝觐，赐以美酒佳肴，并赞叹道："这里距离您那里非常遥远，雄鹰都飞不到的地方，您一位女子竟能够到达！"姚里氏向成吉思汗奏请道："我丈夫留哥已经去世多年，契丹官民无主，留哥的长子薛阇扈从您西征多年，我愿以次子善哥来代替他，还请您允许薛阇回到契丹袭爵。"成吉思汗十分欣赏耶律薛阇，于是婉言拒绝道："薛阇跟随我西征，搭救我的儿子，屡立战功，如今已经是我们蒙古人的家人了，不可遣回，可令您的儿子善哥承袭父爵。"姚里氏再次奏请道："薛阁是留哥已经过世的原配夫人所生，是留哥的嫡子，善哥是我所生，我怎么能够抛弃薛阇而让我生的儿子袭爵？这样利己的事我万万不能做！"成吉思汗听罢深受感动，不禁由衷赞叹："纵观天下的女人，能配得上为人主的，只有我的母亲一人，能配得上为人臣的，只有薛阇的母亲姚里氏一人！"于是，成吉思汗依姚里氏所请，留下耶律善哥，让耶律薛阇回到东辽承袭王位。

1230年，大蒙古国窝阔台汗改革地方行政，将东辽划归大蒙古国广宁府路管辖，由东辽国王兼任"大蒙古国行广宁府路总管军民万户府事"。自1229年至1237年，耶律薛阇多次跟随窝阔台汗南征女真金国、东征高丽，屡立战功。1238年，耶律薛阇病逝，时年46岁，其子耶律收国奴袭爵。耶律收国奴在位期间，多次跟随蒙古军东征高丽。1259年，耶律收国奴病逝，时年45岁，其长子耶律古乃袭爵。1269年，大蒙古国薛禅汗忽必烈改制，将广宁府路与东京合并，耶律古乃卸任"大蒙古国行广宁府路总管军民万户府事"一职，同时也不再担任"辽王"。同年，耶律古乃去世，时年36岁，东辽不复存在。

1215年，东辽国王耶律留哥攻占了女真金国的东京辽阳府，部将耶律厮不劝耶律留哥称帝，摆脱大蒙古国，遭到耶律留哥的拒绝。1216年初，耶律厮不带兵脱离耶律留哥，在澄州（今辽宁省海城市）称帝，年号天威，国号为"辽"，史称"后辽"。不久之后，耶律厮不被部下所杀，后辽众臣推举宰相耶律乞奴"监国"，暂时代掌国家权力，改年号为"天佑"。1216年秋，成吉思汗麾下"四杰"之一木华黎率领大军协助东辽进攻后辽，耶律乞奴不敌，率领9万余契丹部众渡过鸭绿江向东逃亡。后辽政权刚刚到达鸭绿江东岸，就发生了内讧，耶律金山杀掉耶律乞奴，自称"辽王"，改年号为"天德"。1217年，耶律统古与弑杀耶律金山，取而代之成为"辽王"，沿用"天德"年号。1218年，耶律喊舍弑杀耶律统古与，成为新一任"辽王"，沿用"天德"年号。1219年正月，东辽联合蒙古军攻进攻后辽，耶律喊舍兵败，自缢身亡，后辽约5万契丹部众归降东辽。自此，昙花一现的后辽政权宣告灭亡。

契丹帝国皇族后裔在东北地区相继建立东辽、后辽之时，在遥远的西亚地区，喀喇契丹（西辽）的一名贵族波剌黑建立了起儿漫王朝，后世一些学者将其称为"后西辽"，这是契丹人建立的最后一个王朝。

1218年，喀喇契丹（西辽）在蒙古和花剌子模的夹击下灭亡。喀喇契丹的一名贵族波剌黑率领一部分喀喇契丹臣民向西迁徙到波斯东南部起儿漫地区，并于1224年在当地建立起儿漫王朝，后世一些学者称其为"后西辽"。起儿漫王朝并非契丹帝国皇族耶律氏所建立，也没有史籍明确记载它使用过"契丹"或"辽"的国号，但起儿漫王朝奉契丹（辽）为正统，多桑在《蒙古史》中也写道："有两个喀喇契丹王朝，后一个王朝晚于前一个王朝100余年。"起儿漫王朝（后西辽）坚持契丹铸币的成例，其钱币为打制币，上有阿拉伯文书写的王号，目前出土的起儿漫王朝钱币上没有见到汉文字样。

起儿漫王朝（后西辽）历经八位皇帝执政、两位皇后摄政。1251年，大蒙古国蒙哥汗任命胞弟旭烈兀为蒙古西征军统帅，率领10万大军西征，并任命怯的不花为先锋，率1.2万军队先行，开启了大蒙古国的

契丹银币

第三次西征。西征军出发前，蒙哥汗向旭烈兀许诺，此次西征攻占的土地都将划给旭烈兀作为封国，只要这些土地上的人民都遵守成吉思汗颁行的《大札撒》、并拥护蒙哥汗的正统地位即可。因此，旭烈兀一改前两次蒙古西征中的狂飙突进战术，在西征过程中稳扎稳打、步步为营，尽量避免大规模的破坏，并且每攻占一地，都立刻委派地方长官进行治理。1256年，蒙古西征军攻灭了位于今天伊朗北部的木剌夷国，大蒙古国蒙哥汗正式册封自己的胞弟、西征军统帅旭烈兀为"伊儿汗"，伊儿汗国正式建立。1304年，伊儿汗国可汗合赞病逝，可汗完者都继位。1309年，伊儿汗国可汗完者都亲自率军进攻起儿漫王朝，起儿漫王朝被伊儿汗国所吞并。至此，契丹人建立的最后一个王朝宣告结束。

尾声

契丹民族的发展与融合

契丹帝国的历史虽然结束了，但契丹民族的历史并没有随之结束。契丹帝国覆亡后，经历了数百年的发展，契丹民族的主体融入了今天中国境内包括汉民族在内的很多民族之中，成为中华民族大家庭中的一分子。此外，一部分契丹人散落在中亚、西亚等地，多与当地民族融合。

耶律大石率领部众西迁后，尚有一部分契丹人留在了中国东北、中原一带，成了女真金国的属民。最初，女真金国将契丹人编入女真金国的社会组织——猛安、谋克之中，为了防范契丹贵族阶层复兴契丹帝国，女真金国不允许契丹贵族特别是皇族耶律氏、后族萧氏使用自己的旧姓，将一部分"耶律氏"改为"移剌氏"，将一部分"萧氏"改为"石抹氏"，女真金国后期投靠成吉思汗的名将石抹明安，就是契丹帝国后族萧氏的后裔。为拉拢契丹贵族，女真金国一方面允许一部分契丹帝国皇族保留皇族的"耶律"姓氏和后族的"萧"姓氏，如成吉思汗麾下的谋士耶律楚材，一方面为契丹贵族赐女真金国的国姓"完颜"。金世宗完颜乌禄（汉语名完颜雍）在位时，将契丹人的猛安、谋克分散，带领契丹人与女真人、汉人、渤海人等混居。

女真金国末年，很多契丹人帮助大蒙古国攻打女真金国，一部分契丹贵族又恢复自己的契丹旧姓。因此，一部分契丹人也融入蒙古民族之中。女真金国覆亡后，元朝将生活在中原地区的汉族人、女真人、契丹人、党项人等一些族群统称为"汉人"。成吉思汗麾下重臣耶律楚材，就是契丹帝国皇族后裔。耶律楚材是契丹帝国的开国君主耶律阿保机九世孙、耶律突欲八世孙。耶律楚材出生时，其父耶律履援引《春秋左氏传》中"虽楚有材，晋实用之"的典故，为新生儿取名"耶律楚材"，不料一语成谶，出生在女真金国的耶律楚材，长大后成为大蒙古国的栋梁之材。耶律楚材的祖父、父亲都在女真金国的中都（今北京市）做官，耶律楚材从小受到过良好的教育，特别是受到过系统的儒家教育。他博览群书，不仅精通儒家经典，而且精通天文、地理、律历、术数、医卜等学问。耶律楚材归顺成吉思汗之后，跟随成吉思汗征战四方，成为成吉思汗最为倚重的谋士。因为耶律楚材留有长长的胡须，成吉思汗一直亲切地称呼他为"吾图撒合里"，是蒙古语"长髯公"之意。耶律楚材辅佐了大蒙古国成吉思汗和窝阔台汗两位可汗，创立各项典章制度，为大蒙古国以及后来元朝的发展做出了不可磨灭的巨大贡献。

　　女真金国灭亡之后，一部分契丹人迁回东北故乡，在明朝时被划归为"野人女真"的一部分。大清帝国建立后，这一部分人被编入满洲八旗。因其语言、风俗、习惯等方面保留了契丹民族的部分传统，因而在大清帝国时期，就有学者注意到东北地区满洲八旗中的索伦部，就是由一部分契丹后裔组成的。"索伦"是大清帝国时期对今中国东北地区达斡尔族、鄂温克族、鄂伦春族以及今蒙古国、俄罗斯境内布里亚特人的统称。索伦部中的达斡尔人，在生产生活方式方面如狩猎、驯鹰等，与古代契丹民族极为相似。20世纪末至21世纪初，历史学家、考古学家、人类学家、民族学家从契丹墓葬中古标本的牙髓和骨髓中用硅法提取了线粒体DNA，与今天达斡尔族的基因进行比较，发现达斡尔族与古代契丹民族的DNA最为相近，进而认定今天的达斡尔族可能是古代契丹民族的直系后裔。达斡尔族民间文学作品极为丰富，包括民间故事、神话、祝赞词、民歌等多种形式，其中民间故事是达斡尔族民间文学中内容最为丰富的一种体裁，代表作品有《阿波卡提莫日根》《德布库的传说》《套嘎沁脱险》《阿拉塔尼莫日根》《尼桑萨满的传说》《德莫日根和齐尼花哈托》等，其中又以莽盖故事最具特色。"莽盖"在草原民族民间传说中是一个半人半兽、形象怪异的巨型恶魔，它在北方草原民族的传统观念中是大自然中的破坏力和社会恶势力的化身，莽盖故事实则寄托着达斡尔族人民抵御自然风险、战胜恶势力的美好愿望。达斡尔族莽盖故事中的代表作品有《去杀莽盖》《天神战胜莽盖》等。这些民间文学作品中含有东向拜日、举火烧天等很多古代契丹民族的传统习俗。此外，达斡尔人的围棋与汉民族传统的围棋不同，却与契丹帝国墓葬中出土的围棋极为相似。

在今天中国的云南一带，有一部分自称"本人"的居民，他们现今的民族成分虽然填写"汉族"，但历史学家、人类学家、民族学家考察他们的族谱、墓碑发现，这一部分"本人"很有可能是大蒙古国时期跟随蒙古军南下、留在当地的契丹人后裔。"本人"祖先的墓碑上有契丹小字。20世纪90年代，学者在当地考察发现，"本人"在介绍姓氏时，前面均会加上两个字"阿莽"，例如"本人"自称姓"阿莽蒋""阿莽李""阿莽赵"等。云南省德宏傣族景颇族自治州一户姓"蒋"（自称姓"阿莽蒋"）的"本人"家中族谱明确记载："蒋氏祖先姓耶律氏，名阿保机，创建辽朝，为金所灭；后裔以阿为姓，又改为莽。"这份族谱记载了南迁的耶律家族在姓氏上的变化历程。蒋氏"本人"的祖先本姓耶律，契丹帝国灭亡后，他们取阿保机名字汉语音译的第一个字"阿"为姓，后来为了避免女真人的敌视，改姓"莽"。明朝时，他们因帮助明朝平定地方叛乱有功，成了当地的世袭土司，改姓"蒋"。除了这份族谱之外，学者们考察了蒋氏"本人"的宗祠，宗祠正门向东，符合契丹民族"坐西向东""东向拜日"的传统习俗。并且，祠堂正门的对联上还写道："耶律庭前千株树，莽蒋祠内一堂春。"祠堂内部壁画上也体现了北方草原游牧民族的生活习俗。经DNA测序证明，云南一带的"本人"与古代契丹民族的DNA十分相近，结合历史学家、人类学家、民族学家在当地的考察结果，可以认定"本人"也是古代契丹民族的后裔。

时至今日，在中亚的哈萨克斯坦、吉尔吉斯斯坦等国家中，存在着以游牧为生的乞塔（契丹）部落，他们自称是西迁的契丹人后裔。在今天的乞塔部落中，有一部分部民以耶律大石的"菊儿汗"称号汉语音译的第一个字"菊"为姓，转写成"局"。

享国300余年的契丹帝国虽然覆灭，但契丹民族后裔却得以留存下来、繁衍生息。契丹民族后裔主要生活在今天中国的东北、西南地区以及中亚地区的哈萨克斯坦、吉尔吉斯斯坦等地。

达斡尔族围鹿棋

大事年表

533年，农历十月，北齐文宣帝侯尼干（汉语名高洋）御驾亲征，进攻契丹。

605年，契丹大举南下，进攻隋朝边境重镇营州（今辽宁省朝阳市）。

619年，契丹首领大贺咄罗率军进攻唐朝平州，大掠而去。

623年，契丹首领大贺咄罗遣使到长安，向唐朝进贡名马、丰貂，以示归附。

628年，大贺咄罗的继任者大贺摩会率部众归附唐朝，并亲自到长安朝贡。

648年，唐太宗在契丹聚居地设立松漠都督府，作为管理契丹的羁縻都督府。唐太宗册封契丹部落联盟首领大贺窟哥为第一任松漠都督，并赐国姓"李"。

660年，唐高宗任命阿史德枢宾为沙砖道行军总管，会同辽东经略薛仁贵讨伐契丹。

696年，农历五月十二日，契丹首领兼松漠都督李尽忠率领契丹人发动起义，攻克营州，斩杀武周边将赵文翙，史称"营州之乱"；同年农历五月二十五日，武则天诏命左鹰扬卫将军曹仁师、右金吾卫大将军张玄遇、左威卫大将军李多祚、司农少卿麻仁节等28员将领率军征讨契丹；同年农历十月，李尽忠病逝，其妻兄孙万荣接任。

697年，农历三月，武则天任命王孝杰为统帅，再次派遣大军征讨契丹；同年夏，在武周政权与后突厥汗国的夹击下，孙万荣兵败，逃亡途中被家奴所杀，首级被送到洛阳。

698年，大祚荣在东牟山山城正式建国，初名"震国"，即渤海国前身，大祚荣自称"震国王"。

700年，武则天诏命李楷固、骆务整等将领率军追剿契丹起义军余部。

713年，唐玄宗册封震国王大祚荣为"渤海郡王"，加授忽汗州都督，震国正式更名为"渤海国"。

714年，契丹部落联盟首领李失活趁后突厥汗国衰落之际，主动向唐朝示好。

716年，李失活与奚族首领李大酺一同到长安朝觐唐玄宗，唐玄宗赐其丹书铁券，复置松漠都督府，册封李失活为松漠都督，继而册封他为松漠郡王，并授其为左金吾卫大将军。

717年，唐玄宗将东平王李续外孙杨元嗣的女儿册封为永乐公主，将其嫁给李失活。

718年，李失活去世，其堂弟李娑固继任，永乐公主复嫁李娑固。

719年，农历十一月，李娑固与永乐公主共同到长安朝觐唐玄宗。

720年，李娑固被可突干所杀，李娑固的堂弟李郁干被拥立为契丹首领。

722年，李郁干到长安朝觐唐玄宗，请求和亲。唐玄宗将燕郡公主赐予李郁干，并册封李郁干为松漠郡王，授左金吾卫员外大将军兼静析军经略使。

723年，李郁干病逝，其弟李吐干继任契丹首领，燕郡公主复嫁李吐干。

725年，李吐干携燕郡公主投奔唐朝，唐玄宗册封他为辽阳郡王，可突干拥立李尽忠的弟弟李邵固为契丹首领。

730年，可突干杀害李邵固，拥立遥辇屈列为可汗，史称"遥辇洼可汗"，遥辇氏取代大贺氏成为契丹部落联盟首领。

732年，唐玄宗诏令信安王、礼部尚书李祎为河北道行军副总管，会同幽州长史、知范阳节度事赵含章出塞进攻契丹。

733年，契丹在渝关都山一带大破唐军。

734年，唐玄宗兴兵攻打契丹，幽州长史兼御史中丞张守圭策动契丹松漠都督府衙官李过折谋反；农历十二月，李过折袭杀契丹可汗遥辇屈列以及可突干等数十名契丹贵族，投靠唐朝。

735年，农历正月，唐玄宗册封李过折为北平郡王、松漠都督。

745年，后突厥汗国灭亡，契丹投靠唐朝。

746年，遥辇楷落即位，史称"胡刺可汗"，唐玄宗册封他为恭仁王、代松漠都督。

755年，唐朝内部爆发"安史之乱"，契丹帮助唐朝平叛。

765年，唐代宗册封党项首领拓跋朝光为静边州大首领、左羽林大将军，并准其在银州建立牙帐。

842年，唐武宗李炎赐给契丹可汗遥辇屈戍一枚"奉国契丹之印"。

872年，耶律阿保机出生于契丹迭刺部耶律氏家庭。

878年，太祖耶律阿保机的皇后述律月里朵出生。

882年，韩延徽出生。

892年，耶律阿保机与述律月里朵成婚。

906年，农历十二月，痕德可汗遥辇钦德去世，夷离堇耶律阿保机自立为可汗。

911年，农历五月，第一次诸弟之乱爆发。

912年，农历七月，第二次诸弟之乱爆发。

913年，农历三月，第三次诸弟之乱爆发。

915年底至916年初，"盐池之变"爆发。

916年，耶律阿保机正式称帝，定国号为"大契丹国"。

917年，太祖耶律阿保机的长孙、耶律突欲的长子耶律兀欲出生，即后来的辽世宗。

918年，王建建立高丽，定都开州，后改称开京。

921年，耶律阿保机攻打后唐，第四子耶律牙里果随军出征，被后唐军队俘虏，软禁于太原。

923年，李克用之子、后唐开国皇帝李存勖灭掉后梁；耶律剌葛被杀。

924年，渤海国杀死了契丹帝国辽州刺史张秀实，大肆劫掠辽州。

925年，冬，耶律阿保机御驾亲征，倾全国主力进攻渤海国。

926年，契丹帝国灭亡渤海国，耶律阿保机在渤海国故地建立东丹国，由太子耶律突欲担任东丹王。耶律阿保机在从渤海国班师途中驾崩。数月后，耶律阿保机幼弟耶律苏病逝。

927年，秋，应天太后述律月里朵在上京临潢府举行新帝选举仪式，耶律阿保机次子耶律尧骨被选为新君，史称"辽太宗"。

929年，太宗耶律尧骨将东丹国天福城居民迁至辽河流域，天福城遂废弃。

930年，农历三月，太宗耶律尧骨册封耶律李胡为皇太弟，史称"寿昌皇太弟"，令他兼任"天下兵马大元帅"；耶律突欲渡海南逃至后唐，东丹国暂时由其妻萧氏摄政。

931年，太宗耶律尧骨的长子耶律述律出生，即后来的辽穆宗，母为皇后萧温。

933年，后唐明宗李嗣源病逝，其子李从厚即位。

934年，后唐明宗李嗣源的养子、潞王李从珂攻陷后唐首都洛阳，废黜李从厚，自立为帝，史称"后唐末帝"。

935年，农历正月，太宗耶律尧骨的皇后萧温在春捺钵期间病逝。

936年，石敬瑭主动请求认比自己小10岁太宗耶律尧骨为父（石敬瑭时年44岁，耶律尧骨时年34岁），请求太宗耶律尧骨出兵帮助自己争位。同年农历十一月，太宗耶律尧骨在柳林册封石敬瑭为皇帝，国号为"晋"，史称"后晋"，年号天福；石敬瑭当即尊太宗耶律尧骨为"父皇帝"，自称"儿皇帝"，并将燕云十六州割让给契丹帝国；契丹军攻陷后唐首都洛阳前夕，后唐末帝李从珂邀耶律突欲一同自焚殉国，耶律突欲不肯，被李从珂杀害；同年，耶律阿保机第四子耶律牙里果在被中原王朝俘虏15年之后回国。

938年，农历十一月，后晋君臣为宗主国皇帝耶律尧骨上尊号为"睿文神武法天启运明德章信至道广敬昭孝嗣圣皇帝"。

939年，太宗耶律尧骨的长子耶律述律受封为寿安王。

940年，耶律突欲长子耶律兀欲继任东丹国国王。

942年，"儿皇帝"的石敬瑭病逝，石敬瑭的养子、手握重兵的石重贵即位。

947年，契丹大军攻入后晋都城开封，俘虏石重贵，后晋灭亡；农历四月二十二日，太宗耶律尧骨在北返途中病逝；农历四月二十三日，太祖耶律阿保机的长孙、耶律突欲的长子耶律兀欲在太宗灵柩前即契丹帝国帝位，史称"辽世宗"。世宗耶律兀欲与祖母述律太后达成"横渡之约"。

948年，驸马萧翰联合耶律天德、耶律刘哥、耶律盆都等人发动叛乱，被世宗耶律兀欲平定。

949年，驸马萧翰与妻子、世宗耶律兀欲的妹妹耶律阿不里再次联合宗室贵族谋反，并写信勾结耶律安端一同谋反，被耶律安端之子耶律察割告发，萧翰被处死，耶律阿不里被逮捕入狱，不久后死去，耶律安端未受实质性处罚；农历十月，世宗耶律兀欲册封出身后族的萧撒葛只为皇后，与甄皇后并立。

951年，农历九月，耶律察割发动"火神淀之乱"，弑杀世宗耶律兀欲、甄皇后、萧皇后以及世宗耶律兀欲的母亲、太后萧氏；耶律屋质、耶律述律等人斩杀耶律察割、平定叛乱；"火神淀之乱"平定后，太宗耶律尧骨之子耶律述律即位，史称"辽穆宗"；北汉建立，位于今山西省中部、北部地区，都城晋阳，是"十国"中唯一一个位于中国北方的政权，北汉依附契丹帝国。

952年，农历十二月，耶律阿保机五弟耶律安端病逝。

953年，耶律李胡的次子耶律宛等人谋反，被穆宗耶律述律平定；穆宗耶律述律唯一的同母弟、太平王耶律罨撒葛谋划叛乱未遂，被罚幽禁3个月；萧绰出生，即后来的承天太后；述律太后病逝。

959年，穆宗耶律述律的异母弟、太宗耶律尧骨第四子耶律敌烈策划谋反未遂。契丹帝国的开国功臣韩延徽病逝，加谥号"崇文令公"。

960年，耶律李胡的长子耶律喜隐策动谋反，被穆宗耶律述律平定，耶律喜隐被捕入狱。后周殿前都点检赵匡胤发动陈桥兵变，建立宋朝，史称"北宋"。

961年，耶律喜隐被穆宗释放出狱。

969年，农历二月二十二日，穆宗耶律述律在黑山围猎时被侍从所杀，这次事件史称"黑山之变"。世宗耶律兀欲的次子耶律明扆受群臣拥立即位，史称"辽景宗"。此后，契丹帝国的帝位一直在太祖长子耶律突欲一支中传承。

970年，农历五月十三日，北府宰相萧思温遇刺身亡。

972年，穆宗同母弟耶律罨撒葛病逝。

976年，农历二月初五，景宗耶律明扆正式下诏，明文规定皇后萧绰在诏令中自称"朕"或"予"。宋太祖赵匡胤离奇去世，弟弟赵光义即位，史称"宋太宗"。

978年，高勋、女里因涉嫌萧思温遇刺案，被赐死。

979年，农历二月，宋太宗赵光义御驾亲征，进攻北汉，宋军在白马岭之战中击退契丹援军，灭亡北汉；农历六月，宋太宗率军进攻契丹帝国南京析津府（幽州城），"高梁河之战"爆发，宋军几乎全军覆没，宋太宗第一次北伐被挫败；耶律休哥因对宋战功，被景宗耶律明扆册封为"于越"。

980年，景宗耶律明扆御驾亲征，在宋朝边境一带大掠而去。

982年，契丹帝国彻底废掉东丹国国号，东丹国宣告结束。

983年，景宗耶律明扆病逝，长子耶律文殊奴即位，史称"辽圣宗"，其母承天太后萧绰奉遗诏摄政。

985年，农历七月，圣宗耶律文殊奴传谕契丹帝国诸道诸部，整顿兵马，准备东征高丽；党项首领李继迁与族弟李继冲诱杀宋朝驻防西北的将领曹光实，攻占银州、会州，彻底与宋朝决裂。

986年，宋太宗赵光义对契丹帝国发起"雍熙北伐"，契丹帝国一方称之为"统和战争"，宋军惨败。

989年，景宗耶律明扆与萧绰所生的第三女耶律延寿奴下嫁兰陵王萧挞凛之子萧恒德。

992年，圣宗耶律文殊奴任命东京留守萧恒德为统帅，出兵东征高丽。

993年，高丽成宗王治向契丹帝国奉表请罪，契丹帝国第一次东征高丽的战争宣告结束。

994年，承天太后萧绰将近支堂弟萧隗因的女儿萧菩萨哥选入官中，册封为贵妃。

996年，党项首领李继迁截击宋军军粮40万担，宋太宗赵光义派兵攻打李继迁，被李继迁击败。

997年，宋太宗赵光义病逝，第三子寿王赵恒即位，史称"宋真宗"。

1001年，圣宗耶律文殊奴册立萧菩萨哥为皇后。

1003年，承天太后萧绰和圣宗耶律文殊奴派遣官吏在原回鹘王城附近开始修建可敦城；宋真宗藩邸重臣王继忠被契丹军俘虏，归降契丹帝国。

1004年，承天太后萧绰和圣宗耶律文殊奴御驾亲征，进攻宋朝；契丹帝国与宋朝签订"澶渊之盟"。

1006年，党项首领李德明向宋朝上表请求归附，宋真宗赵恒加封李德明为特进、检校太师兼侍中、持节都督夏州诸军事、行夏州刺史、上柱国、定难军节度使等职。

1009年，农历十一月初一，承天太后萧绰为圣宗耶律文殊奴举行"燔柴礼"，圣宗耶律文殊奴亲政；农历十二月十一日，承天太后萧绰病逝。

1009年至1010年，高丽西京留守康肇弑杀高丽穆宗王诵，拥立高丽近支宗室王询为国王，史称"高丽显宗"；高丽擅自废立国王，并未向宗主国契丹帝国通报。

1010年，农历十一月，圣宗耶律文殊奴亲率40万大军，发起了对高丽的第二次东征；农历十二月二十八日，高丽显宗王询逃离高丽都城开京。

1011年，农历正月初一，契丹大军攻占开京，并将其付之一炬。高丽显宗王询遣使奉表请罪，契丹帝国第二次东征高丽的战争宣告结束。契丹帝国设置西北路招讨司，驻地为可敦城。

1013年，契丹帝国以高丽显宗王询未能亲自到上京朝觐为由，向高丽索要鸭绿江东岸的六个州，被高丽拒绝。

1015年，高丽显宗王询派遣民官侍郎郭元渡海到宋朝朝贡，并停用契丹帝国的"开泰"年号，改用宋朝的"大中祥符"年号。

1016年，圣宗耶律文殊奴第四子出生，初名耶律木不孤，后改名为耶律只骨，即后来的辽兴宗。

1018年，圣宗耶律文殊奴任命东平郡王萧排押为都统、萧虚烈为副都统、契丹帝国东京留守耶律八哥为都监，率领10万大军发起对高丽的第三次东征。

1019年，高丽显宗王询遣使向契丹帝国谢罪、进贡。

1020年，高丽显宗王询向契丹帝国呈上降表，契丹帝国对高丽发起的第三次东征宣告结束。

1021年，圣宗耶律文殊奴改年号为"太平"，契丹帝国在圣宗耶律文殊奴时期的鼎盛局面史称"太平之治"；耶律只骨同母弟耶律孛吉只出生。

1028年，圣宗耶律文殊奴将皇后萧菩萨哥的堂兄弟萧匹里与秦国公主耶律燕哥所生的女儿萧三蒨册立为太子妃，许配给太子耶律只骨；党项人灭亡了甘州回鹘，占据了整个河西走廊，势力范围扩展到了玉门关。

1031年，圣宗耶律文殊奴病逝，第四子耶律只骨即位，史称"辽兴宗"；党项向契丹帝国请求和亲，契丹帝国兴平公主下嫁李元昊。

1032年，趁兴宗耶律只骨举行春捺钵之时，兴宗的生母法天太后萧耨斤趁机矫诏，将圣宗的皇后、兴宗的养母齐天太后萧菩萨哥赐死；法天太后萧耨斤废掉兴宗皇后萧三蒨，将自己的亲弟弟萧胡独堇之女萧挞里册立为兴宗的皇后；党项首领李德明病逝，其子李元昊继任；李元昊对河湟吐蕃发动战争，攻占了猫牛城。

1034年，法天太后萧耨斤密谋废掉兴宗耶律只骨，改立幼子耶律孛吉只为帝；耶律孛吉只告发法天太后萧耨斤，兴宗耶律只骨将法天太后萧耨斤贬为庶人，押往庆州幽禁。

1036年，党项首领李元昊击败河西回鹘，占领肃州。

1037年，塞尔柱帝国建立。

1038年，党项首领李元昊正式称帝建国，国号"大夏国"，史称"西夏"；李元昊之妻、契丹帝国"和亲"的兴平公主离奇去世，兴宗耶律只骨遣使责问李元昊。

1039年，李元昊要求宋朝正式承认他的皇帝称号，宋朝断然拒绝，西夏与宋朝之间正式拉开战争序幕。

1040年，西夏与宋朝之间爆发"三川口之战"，宋军惨败。

1041年，西夏与宋朝之间爆发"好水川之战"，宋军惨败；西夏与宋朝之间爆发"麟府丰之战"，宋军失利。

1042年，西夏与宋朝之间爆发"定川寨之战"，宋军惨败；辽兴宗耶律只骨趁宋夏定川寨之战宋军惨败之机，遣使到宋朝索要"关南十县"，宋朝虽然拒绝交出关南十县的土地，但却允诺将关南十县的税赋交给契丹帝国，同时增加"澶渊之盟"中许给契丹帝国的"岁币"数量，这一事件史称"重熙增币"。

1044年，党项与宋朝达成"庆历和议"；农历十月，兴宗耶律只骨亲率10万大军进攻西夏，"河曲之战"爆发，契丹军因遇沙尘暴败退；契丹帝国兵败后，兴宗耶律只骨正式将云州确立为契丹帝国的西京，命耶律仁先率军镇守，统筹对西夏的战事，至此，契丹帝国的"五京"体制完备。

1047年，兴宗耶律只骨听"报恩经"有所感悟，将已被幽禁13年的母亲萧耨斤迎回宫中奉养，并归还"法天太后"的尊号。

1048年，西夏爆发宫廷政变，李元昊被杀，其子李谅祚即位，史称"西夏毅宗"；塞尔柱帝国在卡佩特罗战役中击败东罗马帝国。

1049年，辽兴宗耶律只骨第二次出兵进攻西夏，重挫西夏军。

1050年，农历五月，西夏向契丹帝国称臣请降，至此，契丹帝国与西夏之间的大规模战争结束。

1051年，塞尔柱帝国迁都伊斯法罕。

1055年，兴宗耶律只骨驾崩，长子耶律查剌即位，史称"辽道宗"；道宗耶律查剌册封耶律孛吉只为"皇太叔"，并加封为"天下兵马大元帅"。

1057年，法天太后萧耨斤病逝。

1061年，"皇太叔"耶律孛吉只之子耶律涅鲁古怂恿父亲弑君夺位，未果。

1062年，道宗耶律查剌长子耶律耶鲁斡被册封为梁王。

1063年，道宗耶律查剌出行途中驻跸滦河行宫，"皇太叔"耶律孛吉只及其子耶律涅鲁古发动"太叔之乱"，被道宗耶律查剌平定，耶律涅鲁古被杀，耶律孛吉只自尽。

1064年，道宗耶律查剌长子耶律耶鲁斡被册立为皇太子。

1075年，道宗耶律查剌向宋朝提出重新议定边界，未果；道宗耶律查剌诏令皇太子耶律耶鲁斡兼管北、南枢密院事；农历十一月，耶律乙辛等人制造冤案"十香词案"，皇后萧观音被赐自缢。

1077年，耶律乙辛等人再度掀起冤狱，杀害太子耶律耶鲁斡及太子妃萧氏。

1079年，正月，耶律乙辛等人谋害皇孙耶律阿果未遂。

1081年，道宗耶律查剌将耶律乙辛逮捕，施以杖责之刑，并拘禁于来州；宋朝出兵约35万，分五路进攻党项，史称"五路伐夏"，宋军遭受惨败，全军覆没。

1083年，道宗耶律查剌下诏，将耶律乙辛缢死，并为含冤而死的皇后、太子等人平反。

1101年，农历正月十三日，道宗耶律查剌驾崩，皇孙耶律阿果即位，史称"辽天祚帝"。

1111年，宋徽宗赵佶派遣郑允中、童贯出使契丹帝国，出生于燕云十六州的契丹大臣马植向童贯献上联合女真人消灭契丹帝国的计策。

1112年春，天祚帝耶律阿果到春州视察生女真各部落，在头鱼宴上与女真酋长完颜阿骨打结怨。

1114年，完颜阿骨打召集女真各部落共2500人，会师于涞流河，攻克契丹帝国重镇宁江州，正式拉开了女真人与契丹帝国的战争序幕；农历十月，"出河店之战"爆发，契丹军被女真军击败。

1115年，正月，完颜阿骨打正式称帝，建立金朝；女真金国攻占契丹帝国东北重镇黄龙府；农历十二月初，辽金"护步达冈之战"爆发，契丹军惨败。

1116年，女真金国攻占契丹帝国东京辽阳府。

1119年，金太祖完颜阿骨打命宗室完颜希尹创造女真文字。

1120年，女真金国攻占契丹帝国上京临潢府，天祚帝耶律阿果逃往中京；宋徽宗赵佶再次遣使从山东半岛渡海到辽东半岛，与女真金国签订夹击契丹帝国的"海上之盟"。

1121年，农历正月，萧奉先等人诬陷文妃萧瑟瑟与姐夫耶律挞葛、妹夫耶律余睹串通谋反，文妃萧瑟瑟被赐死，耶律余睹降金。

1122年，女真金国攻占契丹帝国中京大定府；女真金国攻占契丹帝国西京大同府，天祚帝耶律阿果逃入夹山；留守南京的契丹文武百官拥立天祚帝的皇叔耶律涅里为帝，建立临时政权，史称"北辽"，耶律涅里史称"北辽宣宗"；农历五月底，宋徽宗任命宦官童贯为宣抚使，两度进攻契丹帝国南京析津府，均遭受惨败；年末，金太祖完颜阿骨打亲自率军攻占契丹帝国南京。

1124年，夏季，耶律大石离开天祚帝耶律阿果，率领200余名亲随西征，到达可敦城。

1125年，天祚帝耶律阿果在逃往西夏的途中被女真军俘虏。

1130年，金太宗完颜吴乞买派遣契丹帝国降将耶律余睹两度进攻可敦城，未果。

1130至1131年，耶律大石杀白马青牛祭祀天地祖先，率领主力部队离开可敦城，继续西征。

1132年，农历三月，耶律大石称汗，号"菊儿汗"，正式建立喀喇契丹，在中国史籍中，喀喇契丹被称为"西辽"，耶律大石被称为"辽德宗"。

1134年，耶律大石率军开进东喀喇汗王朝首都巴拉沙衮，帮助伊卜拉欣二世平定了葛逻禄人和康里人的叛乱，趁机将东喀喇汗王朝纳入自己的保护之下。耶律大石将巴拉沙衮更名为"虎思斡耳朵"，作为喀喇契丹的新都城。耶律大石任命六院司大王萧斡里剌为兵马都元帅、枢密副使萧查剌阿不为副元帅、耶律燕山为都部署、耶律铁哥为都监，率领7万骑兵东征女真金国，因天气原因无功而返。

1135年，女真金国攻打可敦城，被契丹守军击退。

1137年，耶律大石大败西喀喇汗王朝军队。

1141年，9月9日，耶律大石与塞尔柱帝国之间爆发卡特万草原战役，耶律大石大获全胜，趁机占领西喀喇汗王朝首都撒马尔罕。

1143年，耶律大石病逝，其子耶律夷列即位，史称"辽仁宗"。因耶律夷列年幼，耶律大石立有遗诏，令自己的可敦萧塔不烟摄政，萧塔不烟被尊为"感天太后"。

1144年，金熙宗完颜合剌派遣粘割韩奴出使喀喇契丹，粘割韩奴因傲慢无礼，被感天太后萧塔不烟射死。

1150年，感天太后萧塔不烟归政，耶律夷列亲政。耶律夷列在位时，喀喇契丹国力达到鼎盛。

1155年，耶律夷列病逝，由于两个儿子年幼，耶律夷列留下遗诏，由妹妹耶律普速完摄政。

1156年，女真金国攻打可敦城，被契丹守军击退。

约1157年，塞尔柱帝国被其附庸花剌子模所灭。

1178年，耶律普速完因与驸马萧朵鲁不的弟弟萧朴古只沙里私通，杀害了驸马萧朵鲁不。萧朵鲁不的父亲、六院司大王萧斡里剌发动宫廷政变，射死耶律普速完和萧朴古只沙里，拥立耶律夷列之子耶律直鲁古即位。

1191年，女真金国章宗皇帝完颜麻达葛正式下诏，在官方和民间废止契丹文。

1204年，蒙古部铁木真在纳忽山崖战役中消灭乃蛮部。

1206年，铁木真正式建立大蒙古国，号"成吉思汗"。

约1208年，乃蛮部王子屈出律到达喀喇契丹国都虎思斡耳朵，被耶律直鲁古招为驸马。

1212年，屈出律发动宫廷政变，逼迫耶律直鲁古让位，至此，喀喇契丹不再由耶律氏担任可汗（皇帝），喀喇契丹已是名存实亡；女真金国北边千户耶律留哥在隆安、韩州一带起兵反金，召集当地契丹人组建军队，号称"义军"。

1213年，耶律直鲁古郁郁而终；农历三月，耶律留哥自立为"辽王"，年号元统，国号为"辽"，史称"东辽"。

1215年，屈出律将喀喇契丹的都城迁到喀什噶尔；农历十一月，耶律留哥亲自到蒙古草原朝觐成吉思汗，成吉思汗赐予他金虎符，并正式册封他为"辽王"，东辽定都咸平，称为"中京"。

1216年初，东辽将领耶律厮不带兵脱离耶律留哥，在澄州称帝，年号天威，国号为"辽"，史称"后辽"；耶律厮不被部下所杀，后辽众臣推举宰相耶律乞奴"监国"。

1217年，后辽将领耶律统古与弑杀后辽国王耶律金山，取而代之成为后辽国王。

1218年，后辽将领耶律喊舍弑杀后辽国王耶律统古与，取而代之成为后辽国王；大蒙古国攻灭喀喇契丹；喀喇契丹的一名贵族波剌黑率领一部分喀喇契丹臣民向西迁徙到波斯东南部起儿漫地区。

1219年，后辽灭亡。

1220年，东辽国王耶律留哥病逝，继妻姚里氏摄政。

1224年，波剌黑建立起儿漫王朝，后世一些学者将这个王朝称为"后西辽"。

1226年，姚里氏带着子侄等到成吉思汗西征途中的阿里湫城朝觐，迎接耶律留哥长子耶律薛阇回到东辽即位。

1230年，大蒙古国窝阔台汗改革地方行政，将东辽划归大蒙古国广宁府路管辖，由东辽国王兼任"大蒙古国行广宁府路总管军民万户府事"。

1238年，耶律薛阇病逝，其子耶律收国奴袭爵。

1256年，伊儿汗国正式建立。

1259年，耶律收国奴病逝，长子耶律古乃袭爵。

　　1269年，大蒙古国薛禅汗忽必烈改制，将广宁府路与东京合并，耶律古乃卸任"大蒙古国行广宁府路总管军民万户府事"一职，同时也不再担任"辽王"；耶律古乃去世，东辽不复存在。

　　1309年，起儿漫王朝被蒙古伊儿汗国所吞并，至此，契丹人建立的最后一个王朝宣告结束。

参考文献

古典文献

[1]李延寿. 北史 [M]. 北京：中华书局，2018.

[2]李百药. 北齐书 [M]. 北京：中华书局，2020.

[3]魏徵，等. 隋书 [M]. 北京：中华书局，2020.

[4]刘昫，等. 旧唐书 [M]. 北京：中华书局，2020.

[5]欧阳修，宋祁，等. 新唐书 [M]. 北京：中华书局，2019.

[6]脱脱，等. 辽史 [M]. 北京：中华书局，2018.

[7]叶隆礼. 契丹国志 [M]. 北京：中华书局，2014.

[8]脱脱，等. 宋史 [M]. 北京：中华书局，2019.

[9]脱脱，等. 金史 [M]. 北京：中华书局，2020.

[10]宇文懋昭. 大金国志校正 [M]. 北京：中华书局，2019.

[11]蒙古秘史[M]. 额尔登泰，乌云达赉，校勘. 呼和浩特：内蒙古人民出
版社，1980.

[12]宋濂，等. 元史 [M]. 北京：中华书局，1976.

[13]《元典章》编委会. 元典章 [M]. 北京：中国书店出版社，2011.

现代著作

[1]李夙斌. 草原文化研究 [M]. 北京：中央编译出版社，2008.

[2]林幹. 中国古代北方民族通论 [M]. 呼和浩特：内蒙古人民出版社，2007.

[3]王钺，李兰军，张温刚. 亚欧大陆交流史 [M]. 兰州：兰州大学出版社，2000.

[4]项英杰，马骏骐，蓝琪，等. 中亚：马背上的文化 [M]. 杭州：浙江人民出版社，1993.

[5]邢莉. 游牧中国：一种北方的生活态度 [M]. 北京：新世界出版社，2006.

[6]余太山. 内陆欧亚古代史研究 [M]. 福州：福建人民出版社，2005.

[7]张碧波，董国尧. 中国古代北方民族文化史 [M]. 哈尔滨：黑龙江人民出版社，2001.

[8]赵云田. 中国边疆民族管理机构沿革史 [M]. 北京：中国社会科学出版社，1993.

[9]朱学渊. 中国北方诸族的源流 [M]. 北京：中华书局，2002.

[10]杉山正明. 疾驰的草原征服者：辽 西夏 金 元 [M]. 乌兰，乌日娜，译.桂林：广西师范大学出版社，2014.

[11]加文·汉布里. 中亚史纲要 [M]. 吴玉贵，译. 北京：商务印书馆，1994.

[12]勒内·格鲁塞. 草原帝国 [M]. 蓝琪，译.北京：商务印书馆，2007.

[13]李特文斯基. 中亚文明史 [M]. 马小鹤，等译. 北京：中国对外翻译出版公司，2003.

[14]麦高文. 中亚古国史 [M]. 章巽，译. 北京：中华书局，2004.

[15]温盖尔·马加什，萨博尔奇·奥托. 匈牙利史 [M]. 阚思静，龚坤余，李鸿臣，译.哈尔滨：黑龙江人民出版社，1982.

[16]Andrew Bell-Fialkoff. The Role of Migration in the History of the Eurasian Steppe：Sedentary Civilization vs. "Barbarian" and Nomad [M]. London：Macmillan Press Ltd., 2000.

[17]Fodor István. Magyarország Története：Őstörténet és Honfoglalás [M]. Budapest：Kossuth Kiadó, 2009.

[18]Herbert Franke, Deins Twitchett. Alien Regimes and Border States, 907-1368 [M]//The Cambridge History of China, Volume 6. Cambridge：Cambridge University Press, 1994.

[19]Hóman Bálint, Magyar Pénztörténet, 1000-1325 [M]. Budapest：Kiadja A Magyar Tudományos Akadémia, 1916.

[20]Juan Ramón Azaola, Jean-François Bueno. La Hongrie Médiévale：Des Tribus à l'Empire [M]. Paris：DelPrado Éditeurs, E. U. R. L., 2005.

[21]Koszta László. Magyarország Története：Válság és megerősödés, 1038-1196 [M]. Budapest：Kossuth Kiadó, 2009.

[22]Lyudmla Doncheva-Petkova, etc. Avars, Bulgars and Magyars on the Middle and Lower Danube [M]. trans. by Hajnalka Pál, etc. Budapest：Archaeolingua Alapítvány, 2014.

[23]O. P. Goyal. Nomads：at the Crossroads [M]. Delhi：Isha Books, 2005.

[24]René Groussèt. L'empire des Steppes [M]. Paris：Payot, 1952.

[25]Pásztor Péter. Magyar Politikai Enciklopédia [M]. Budapest：Polgári Magyarországért Alapítvány, 2018.

[26]Tóth István György. Magyar Története：Magyarország Története a Honfoglalástól Napjainkig [M]. Budapest：Osiris Kiadó, 2002.

[27]Unger Mátyás, Szabolcs Otto. Magyarország Története [M]. Budapest:
　　Gondolat, 1973.

[28]Zsoldos Attila. Magyarország Története: Nagy uralkodók és kiskirályok
　　a 13. században [M]. Budapest: Kossuth Kiadó, 2009.

后记

　　中国北方草原游牧民族契丹，已经不在今天中国的56个民族之列，但这个民族在中国北方建立的契丹帝国（辽朝），曾盛极一时。契丹帝国东起渤海之滨，北至西伯利亚，南到今天河北、山西等地，向西曾一度远至西亚，将中华文明向北、向西推广到遥远的西伯利亚、中亚甚至西亚等地，为中华文明向世界的传播做出了不可磨灭的贡献，"契丹"曾一度成为西方人心目中"中国"的代名词。

　　从匈奴、鲜卑时代的频繁互动到辽、金、元、清四代王朝的治理和整合，草原民族与中原王朝在长达数千年的频繁交往和互动过程中，奠定了今天中国的版图，孕育出了今天中国的文明形态。中华民族包含有草原民族的血液，中国北方草原文明也是今天中华文明的重要组成部分。契丹帝国的一国多制、因俗而治，为亚欧大陆北部草原文明与南部农耕文明的融合探索出了新的道路，为统一的多民族国家的形成奠定了一定的基础，更为后来的金、元、清三代一国多制、因俗而治的国家治理模式提供了极为宝贵的历史经验。

　　20世纪下半叶开始，个别西方学者渲染"文明冲突论"，过分强调不同文明之间的差异和对抗，继而将"文明冲突论"套用到中国北方草原文明与南部农耕文明之间的关系上，有意割裂二者的统一性，过分强调草原民族与中原王朝的战争和对抗，刻意抹杀草原民族与中原王朝的交往和联系。然而，只要完整了解草原文明数千年的历史，就不难看出这种"文明冲突论"的荒谬性。经过了数千年时而兵戎相见、时而和平共处的频繁互动，无论是中国北方草原文明，还是南部农耕文明，均不再具有"非此即彼"的强烈排他性，而是具备了极大的包容性。自古以来，中国北方草原文明与南部农耕文明等多种文明形态在生活习俗、文化传统乃至衣食住行各个方面，均相互借鉴、相互融合，契丹帝国以及契丹民族的历史就是最为显著的一例。

在本书的写作过程中，笔者选取契丹帝国历史上具有代表性的历史事件、历史人物和文化现象，在讲述契丹帝国历史沿革的同时，对契丹民族以及同时代一些草原游牧民族的经济、文化、社会生活、传统习俗等加以介绍，力争向读者展现一个虽然已经远去、但对今天仍有影响的契丹帝国的概貌。

在本书的最后，笔者要特别感谢华中科技大学出版社给予笔者这样一次宝贵的写作机会，特别感谢华中科技大学出版社闫丽娜老师在本书写作过程中对笔者的大力帮助。特别感谢笔者导师东北师范大学历史文化学院宫秀华教授、南开大学历史学院杨巨平教授、东北师范大学历史文化学院王晋新教授在笔者学习草原民族历史和本书写作过程中的指导和帮助。感谢南开大学历史学院王晓欣老师、东北师范大学历史文化学院苏力老师、南开大学历史学院马晓林老师关于北方少数民族史方面的课程和对笔者在写作本书过程中的帮助。感谢尚德君师兄、刘琳琳师姐在笔者写作过程中的帮助。特别感谢父母的关爱和支持，特别感谢爱人钟姗姗的支持和帮助。

在本书的写作过程中，笔者查阅大量资料，仔细核对相关内容，力争做到史实准确。对于一些学术界尚存争议的历史问题，笔者仅根据自己现有的知识储备和认知水平，酌情采纳其中一种较为广泛认可的观点介绍给读者。

鉴于笔者学识尚浅、水平有限，书中难免有疏漏之处和不当之处，恳请各位读者不吝赐教。

本书系国家社科基金青年项目"11—13世纪匈牙利州治制度与国家治理模式研究"（项目批准号：20CSS005）阶段性研究成果。

宇信潇

2021年3月于长春